U0141294

張老師文化

陷入 ｜ 令人失望 ｜ SELF ▲ 自殘
TROUBLED 困境 DISAPPOINTING MUTILATION

精神障礙 TERMINATE PREGNANCY 終止 止
MENTAL 懷孕 孕
DISORDER

我不是 LOSER!

將青年人分類，製造出無數「失敗者」。聯繫、
定罪了非主流青年人的生活與身分

青年人的敍事心療

抵擋「失敗者」的身分認同，讓青年人重拾敍說
生命故事的選擇權和話語權

主流論述 物質 SUBSTANCE 成癮
DEPENDENCE

BULLYING SUICIDE 自殺
霸凌

Iris、柯麗珊、秦安琪、黃恩澤、翟曉輝、鍾威文、鍾詩韻、蘇亦斌
—— 作者 ——
（依筆劃序）

Contents
目錄

推薦序
樂見「敘事治療實務」書籍問世

黃素菲

國立陽明大學人文與社會教育中心退休教授

輔仁大學心理系兼任教授

　　正當敘事治療成為臺灣坊間熱門話題之際，一群俠骨柔情的少年卻不遠千里從海外歸來，認同的不只是臺北的長巷短街，嘉南的瓜果田園、陌陌阡阡，更是麥可・懷特以降世世代代耕耘其上的那片鄉土。他們不去大陸赤縣，卻來這海島瀛洲，正是因為臺灣。

　　繼《重新詮釋人生風景：用敘事治療改寫命運，為生活找到解方》、《在敘事中療癒：跳脫框架重構精神健康》之後，秦安琪等人的新書《我不是LOSER！青年人的敘事心療》，就要問世了。這本書中寫到：「青年工作是與青年人一起工作（work with），並非為青年人工作（work for）。」真是太棒了！完全服膺了澳洲原住民艾德・莉拉・華生（Australian Aboriginal Elder Lilla Watson）說過的一段話：「假如你是為了要幫助我而來，那你是在浪費時間，但是如果你來，是因為

我們都擁有同等的主權，那麼，我們可以一起合作。」幫助與被幫助的雙方必須是平等且合作，與原住民如此，與青少年也是如此！

　　每章作者不同，各有各的寫法，有的先寫文獻再做對話，有的先介紹故事主角再寫文獻，總之就是呈現出香港、澳門、內地敘事實踐者們接觸某類青少年的縮影。第一章由秦安琪說出「多謝青年人給予我的禮遇」；第二章〈青年人故事選擇權及話語權〉，強調青年人的前理解，要把話語權留給來訪者，因為語言召喚存在，而「語言具有雙重性，既顯露，也遮蔽」，說出了所指，就窄化了意義，社工師要留心未被說出的語言；第三章Iris還親自上場，裡頭都有很精彩的敘事發揮影響力的對話，從青年的角度剖白「成功」的主流標準如何在學校脈絡裡複製，並令學生遵循和行動，Iris因為無法滿足主流標準而被冠上「垃圾」的標籤，甚至遇上各種情緒困擾，她說：「『在舒適的環境下愉快學習』，這是我在做試題練習時總會寫在旁邊空白處提醒自己的一句話。」；第四章〈敘事在青年人自殘／自殺議題上的實踐〉，自殺、自殘是很艱難的議題，列出「自殘／自殺想法的替代方式」、「活下去的理由」，非常有力量，最重要的是「治療中的反思：倫理與困境VS新的可能」，很好地思考社工師要求青少年住院的倫理議題；第五章「性、身體與青少女──從終止懷孕看權力與身體」用四個女性的敘事說明真實的故事和現場，書中用方框列出「從個人見政治，權力如何在青少女身體運作」、「那些『被壓制的知識』──來自青少女的論述」、「正正因為我

『愛惜生命』」、「親密關係中性別權力，要正視一直『隱形』的男生」等，很忠實提醒作為實務工作人士的讀者們。第六章見證了專家的魅力，一開頭列出七條「說故事憲章」，大哉問呀！第七章〈運用「問題外化」實踐於物質成癮狀態中的青年人及其家人〉，很成功說明「外化」的神奇功能，還附上圖文說明，讚！第八章〈超越朋輩及年齡階層的影響力──青年人的生命會所〉，則實際展示了會員重新入會的功效。

可能涉及廣東話或是「在地知識」（indigenous knowledge）差異，關於absent but implicit翻譯成「似無還有」，臺灣譯為「隱而未現」；關於re-membering翻譯為「重記會員」，在臺灣譯為「會員重新入會」；關於Rite of Passage翻譯為「通過儀禮」，臺灣譯為「過關儀式」……不過，都不影響書中具體經驗的價值。全書既具有實際香港案例，又具有世界觀。例如2005年澳洲雪梨發生的大暴動（Cronulla riots）、分享與家長小組工作的實踐經驗，列舉繪圖，並具體舉例說明。

書中大量用到Michel Foucault、Erving Goffman等所提到的「權力」、「社會建構論」觀點，較少提及「現象學心理學」的內容，只有第八章提到Paul Ricoeur（1991, p.188）描述有關自我的知識是一個詮釋（interpretation），在此詮釋中敘事是最重要的媒介。而其實，從Edmund Husserl（1859-1938）開始，他提出現象學是「讓那呈現者如其所呈現自己的方式那樣的被看見」、「意識總是意向對象的意識」，也就是說，意識總是關於某個對象，意識從不與對象分開，只有意向

的改變而已。所有意識發動時，能意、所意、意向性，同時發生，凡有意識運作就有意向性發生。從這裡開啟了「後現代」的起點，經由現象學描述（phenomenological description），將事物還原為其展開（unfolding）的秩序，去體驗人在不同場域中有不同的自我展演，也有不同的自我抑制，在治療情境中將來訪者不在場／遮蔽的面向顯現出來，提供多元面貌與不同的視角。

Martin Heidegger（1889-1976）接續寫出「存在與時間」，以生活世界觀點提出人「寓居於世」（being-in-the-world），注重人在生活世界的存有。所有的詮釋都是在「先在／前結構」（fore-structure）裡面運作，這個存在的模態稱為「前理解」。亦即對於理解的詮釋，都已經先懂得它所要詮釋的，也就是對某種觀念、事物在新的理解之前所具有的自我解釋狀態，這個「前理解」我稱之為「存在池塘」。所謂「存在池塘」就是指你得在其中做事，或從事了某事，才知道怎麼回事，你知道是這麼回事，之後，又總說不清是怎麼回事。重點是對於理解的詮釋都已經在「前理解」中，都已經先懂得它所要詮釋的了，只是來訪者需要找到「語言」來敘說。海德格的存在與時間提出現象學的時間性，這是海德格哲學史上由現象學往詮釋學的重要轉折。

接著，Paul Ricoeur（1913-2005）提出「描述態」（descriptive statement）是指「前敘述」（the utterance）和「樣式態」（modal statement）是指「所陳述」（the statement）。所陳述（the statment）是指「說出來的故事」，而前敘述(the utterance）是一種「使語言出現的前語言狀態」，是一種意欲、想要、即將會……的狀態，即臺灣話說的「有法度」但尚未成形，或是普通話說的「胸有成竹」但尚未有竹。敘事的「當下化」作用，而當下化是「內在時間意識」的「當下」結構的縱面與橫面意向的連續體。那麼敘事治療更關注在那個有話要說，還未說，也不知會說成什麼的那個主體，正處在一種「成竹在胸而心中尚且無竹」，似乎知道有法可依循而走，還沒去走，不確定會走成哪個「度」。都是「尚未」和「已經」之間的意向，有關來訪者自我知識的詮釋，導引出敘事治療的當下化，來訪者「不知道要說什麼而越說越清楚」，這是來訪者主觀意義與在地知識的認識論基礎。

麥可‧懷特不幸已經於2008年過世，如果他還活著，應該會想一頭栽進去探究「現象學心理學」對敘事治療認識論的貢獻吧！

推薦序
敍事撐起青年人言說的空間

張志豪
實踐大學家庭研究與兒童發展學系副教授
臺灣戲劇復原力協會創會理事長

　　投入青少年諮商輔導工作近三十年，深刻感覺到與非自願青年案主們工作實在不是一條容易的路，其原因有二：一是，非自願青年案主在諮商輔導歷程中容易出現諸多的阻抗，使諮商輔導關係不易建立；再則，非自願青年案主常常身處主流價值的壓迫，被社會結構性問題所制約，致使諮商輔導成效不易有進展。

　　因此，很少有一本與青年人工作的專書能兼顧理論的探索與實務的支持，提供青年人一條有別於適應、重返主流社會的諮商輔導路徑。而這本書正體現著一群香港、澳門、內地敍事實踐者長期耕耘青年人敍事治療工作的身影，分享其實務經驗與理論學習的深刻反思，與青年人長期同行，鼓勵他們活出自己的主體性。

我特別敬佩這群敘事實踐者們，秉持、深信著「青年們是他／她的專家，我們要以青年人的經驗為中心、向青年人學習、讓青年人發聲」的信念，敏覺於治療師與當事人的權力位置，由「指導者」走向「合作者」，撐出一個讓青年人能用自己的語言、說自己的故事的空間，進而陪伴青年人找到自己生活的出路。

上述文字能夠理解、認同，卻常是行動難抵達的。不以主流價值去評判一個青年的「成功」與「失敗」，而允許一個青年把零碎與斷落的經驗，去重新拼湊起來，尋找意義，不是口號，而是需要時間去醞釀與等待。這使我想起四十年前，當我正在唸高中一年級時，體弱多病、成績墊底、個性好強、經濟困頓，再加上一張控制不了的「賤嘴」，常常招來同儕的排擠與霸凌。

或許是求生的本能，為迴避毫無勝算的校園同儕間的口語及肢體衝突，有天，我意外地遁逃到學校人跡罕至的「宗教輔導室」，當我一推開門，一位白髮老人頭一轉、眼睛一亮，如同看見等待千百年來終於送上門的獵物。

「年輕人，你真好，天主派你來看我。」白髮老人用濃濃的上海口音歡迎我，他溫和的笑容頓時安了我魂魄，自此之後，衝進宗教輔導室避難成了我的下課例行行程，而我的生命開始了說故事的習慣，更多了一位老朋友——耶穌會會士沈東白神父。

記憶中沈神父喜歡露出兔寶寶般的門牙傻傻地聽我說話，雖然他的回應我都聽不懂，而我無頭緒的生活分享，他也難以招架。不過，這種「雞同鴨講、自言自語」的談話方式，反而讓正值青春期很是彆扭的我多了點自在和輕鬆，也讓我分享的話題從多變的天氣，移轉到經商失敗落得暫時以教兒童畫畫謀生的父親。也許，聽或說不是那麼重要，重要的是神父給我一種全然被接納、疼惜的感覺。

高中畢業後，我一直忙著自己的學業、自己的工作，忙著構築自己未來理想生活的劇本。雖然，偶爾與沈神父通過幾通電話，但他好似已完成階段性的任務，淡出了我的生活舞台。直到2008年，我因工作常到高雄出差，因緣際會下，我才又和沈神父取得聯繫，並決定前往四維文教院探訪他老人家。

「年輕人，你真好，天主派你來看我。」濃濃的上海口音，熟悉的問候語，拉近了我和他因為時間而疏遠的關係。我好似回到二十年前高中校園的舞台。雖然，心裡面仍抑制不住地好奇、質問：「他還記得我嗎？他是不是對每個人都說同樣的台詞？」但是，面對這九十歲的老神父，我實在不該、也不能奢求，我心中只是感謝。

臨走前神父堅持送我到一樓門口，他只是步伐慢了，腰桿卻依舊挺直。該是道別的時候，我向神父道了聲：「再見。」他微笑，緩緩拉起我的手，沒想到他竟開口說：「代我問候你的家人，爸爸還在教畫畫嗎？他們好嗎？我常常為你和家人祈

禱。」突然間，我心裡一暖，淚水不受控地在眼眶裡打轉著，心想自己何德何能竟讓神父如此惦記著？我慚愧地補了句：「他們都好，謝謝神父，真的謝謝神父！」只見神父認真地看著我：「別謝謝我，要感謝天主。」

我想，這就是陪伴的力量！沈神父不以「問題學生」的視框看待我，而視我為他生命中的「貴客」，視我為一位懂得關心老人家的年輕人。這個經驗，讓我肯定了自己存在的價值，肯定自己值得無條件地被關心、被疼惜，也給予了我翻轉生命劇本的力量，讓我今日成為一位持續關心年輕人的中年人。

我想，我的經驗，正是書中每位青年人的美好經驗。透過這群敘事實踐者們用「聽」、用「問」取代了「說」與「教」，給出了青年人說故事的選擇權與話語權，運用著似有還無（absent but implicit）、通過儀式（rite of passage）、在地知識、外化、重記會員對話地圖等豐富的敘事概念與技法，去直面正遭逢自殘／自殺、性／性別暴力壓迫、物質成癮、受盡校園規訓責罰等不同際遇的青年人，透過敘事對話「一同研究他們經驗的生命」，一同在生命晦暗處，尋找抗逆、復元的曙光。

最後，回顧個人從沈神父、從本書中所經驗、學習到的，敘事是說故事、更是實踐愛的行動。期許自己能持續與青年們，一同在各自的社會處境中去撐出一個言說的空間、一個展演的舞台，讓彼此能更深入去聆聽、去表達內心的故事，學習

去發掘、拓展生活中抗逆的能力，使你、我在差異中學會尊重、在衝突中學會相愛，一同成為社會中能夠影響人、擴散愛的力量。

如果，你也想走向這一條敘事的路，推薦你打開這本書，你會找到的不是標準答案，而會是一群在天剛破曉的黎明前，攜手挺進著的同伴。

作者介紹（按筆劃序）

Iris

我是一名大專生，現正修讀心理學副學士課程。我很喜歡研究與精神、心理健康相關的東西，也喜歡探討人類的行為。在社會的風氣下，不少人提倡讀書的重要，卻忽略自己真正的興趣。若你重獲機會選擇自己的人生，你會跟隨內心想要的東西，還是仍然選擇原始的路。希望讀者們透過我的文章能加更了解現今香港學生的學業壓力，為各位帶來不一樣的觀點。

柯麗珊

澳門註冊社工，於香港浸會大學獲得社會工作碩士學位，現於聖若瑟大學擔任高級講師。曾於澳門城市大學擔任講師及澳門理工大學擔任兼職實習督導老師，參與教學工作約6年；此外，也曾於物質成癮服務機構擔任社工和單位主管，社會前線服務工作時間將近15年。

秦安琪

學習和實踐敘事理念轉眼已經踏進第23個年頭，很開心退休後可以繼續與感興趣敘事理念和實踐的人士探索、研究和發現敘事更多的可能性。除了有幸繼續與社福機構協作，提供敘事培訓、督導和共行研究之外，經多年的敘事伙伴梁敬瑞引薦，獲香港大學社會工作及社會行政學系邀請為該系的榮譽副

教授，可以與未來的社工師／諮商師一齊學習敘事。

黃恩澤

　　社會工作學士，文化研究碩士，敘事實踐及社群工作後文憑。曾從事社區發展、青少年輔導、精神健康社區綜合服務及更生人士社會康復工作，也曾在政府部門工作多年，醉心於敘事實踐在個人及家庭治療方面之應用。同時，一直致力於社工教育及培訓工作，曾在香港浸會大學社工系及香港中文大學社工系分別擔任兼職講師及兼職實習督導，並任教過香港與杜維曲中心合辦的敘事初、中階課程及敘事一年課程。

翟曉輝

　　敘事實踐者、心理諮詢師／心理治療師，目前在臨床心理專科門診與青少年及家庭進行工作。2009年取得上海交通大學MBA學位，且在外企處於穩定事業上升期的我決定辭職，開始新的探索，重新讀《兒童發展與教育心理學》研修課程，身邊很多親友都說這是「從吃肉的地方跳進吃鹹菜的坑」，因為從事心理諮詢收入不高，且前期的學習投入又很多。或許這就是與敘事最初的結緣，對主流論述開始質疑，發展自己偏好的故事。

　　2013年開始與Jill Freedman及Gene Combs學習敘事治療，參加了基礎班、各類主題（喪失、創傷、伴侶、團體等）的專題培訓，及高階研修班的學習；2017年開始與秦安琪老師進行

團督及個體督導，一直持續到現在。在學習和工作中我見證了很多人的故事，也因這些故事對自己的生命有了更多的理解，未來還期待更多的可能，因為這就是敘事的魅力。

鍾威文

敘事實踐培訓和督導、大學社工實習課督導老師、青年工作註冊社工，曾參與香港浸會大學青年研究實踐中心與社福機構合作敘事實踐共同研究計劃、訓練、分享會及出版。並完成於該中心舉辦之敘事初階、中階及與澳洲杜維曲中心合辦的敘事學位後深造證書一年課程（2012年第一屆畢業生），更於2007年參加由麥克・懷特（Michael White）親身帶領在香港舉辦為期五天之敘事實踐進深課程(一)。

近10年致力向社福機構和實習社工推展「社工與敘事實踐」及「敘事個案及小組工作應用與督導」，以及研習「社工實習與敘事督導」及「敘事實踐與生活應用」。因喜愛運用音樂及影片與敘事實踐作生命故事之應用和連結，給自己命名為「敘事DJ」。

鍾詩韻

註冊社工、註冊性治療師、社工博士生，也是網絡性／別教育平台Miss WoW及非營利組織流性香港教育有限公司（FLUID HK）創辦人。關心性／別議題，熱情是推動有性／別意識的性教育及性教育。

敘事實踐當中比較關注權力／知識如何塑造及建構了我們在性、身體、親密關係的主體及生活經歷。深信女性主義運動中強調「個人即政治」（personal is political）的立場，相信個人層面的經歷也是一種集體、一種政治。

　　我積極透過聯繫被邊緣化社群，帶出他／她／TA們的在地知識／權力，去抵抗主流論述的權力／知識。敘事實踐中的集體實踐（collective practice）集體敘事是我比較關注的方向。並在其性教育及性／別教育中以此為主要框架。近期將傅柯權力／知識的理論融入「性教育大神」社區性教育計劃的設計，連結性／別小眾青年人及其他被邊緣化性喜好的群體，以及基層家長等等的生活經驗和在地智慧，共建社群主導之性／別教育內容，有關計劃得到社創基金支持。

蘇亦斌

　　敘事實踐者、香港註冊社工、家庭輔導員。現從事青年工作，希望跟青年一起追尋他們的「better life」。喜歡跟當事人作有溫度的接觸，對情緒故事特別感興趣。常常跟當事人說：「不要怕（眼淚流出來），可以的，我們一起讓它流得有意義。」

我不是LOSER！
青年人的
敘事心療

前言

　　青年人——很早就已經決定第三本敘事叢書要以他們為中心。

　　提交這本書的初稿予張老師文化前，我不斷思索這本書如果是由青年人設計每章的主題和內容，而不是由我們這一群敘事實踐者撰寫多好。我總覺得我們無法明瞭青年人的心聲和話語，就如我們並不能明白別人的體驗一樣，又怎能代表青年人發聲？青年人會認為這本書應該包含什麼主題是他們關注或想要我們細看的？

　　即便如此，我們仍然透過線上會議、討論、回饋大家的文章，希望能夠把多年與青年人協作的好奇、經驗、發現、體會等等跟讀者們分享。當中，遇到一位青年人Iris——第三章的作者之一與我們一起完成此書，讓我們十分興奮。

　　這本書只有八章，當然沒能涵蓋青年人關注的所有主題，希望未來有機會再呈獻更多，或許那會是青年人引領我們書寫的一本書。

　　今天，青年人遇到的問題似乎有增無減，大家都認為問題較從前更為複雜，包括自殘自殺、虐兒、家暴、霸凌、因偷竊

或使用藥物等事件被警察帶走、校內外黑幫的影響等等。種種問題似在顯現一些行為違反了社會的標準和規範，同時塑造了「失敗」的身分認同。當我們聽到青年人的生活經驗，便有機會明瞭無論遇到什麼問題和挑戰，他們都在困窘中對抗並努力讓「成功」出現。藉第一章盼望我（們）不要再為青年人加添負面標籤，並以尊重、平等的態度，以耐性、謙卑之心，陪伴青年人踏步走向他們所盼望的「成功」、找到他們各自珍視的明珠。

透過敘事概念、現象、事例、訪問，去理解社工背後的權力價值觀對青年人的影響、對青年人權力關係的論述、如何讓青年人展現故事選擇權和話語權之向度。第二章的作者提供予四位青年人空間實踐說故事的選擇權和話語權，看到各人的回饋、盼望和發現。

〈成就與失敗〉由社工和青年Iris共同創作。第三章節錄了社工和Iris的部分對話，從青年的角度剖白「成功」的主流標準如何在學校脈絡裡複製，並令學生遵循和行動；與此同時學生又作出更多行動反過來支持該些標準。Iris因無法滿足主流標準而被冠上「垃圾」的標籤，甚至遇上各種各樣的情緒困擾。文章藉這些經驗介紹「失敗對話圖」，與「失敗」對話過後，到底Iris如何重新發現自己的渴望和與之相關的故事？她又希望透過文章向讀者傳達什麼訊息呢？

自古有句老話「好死不如賴活著」，當「自殘／自殺」

出現在青年人的世界裡，很多人會問是他們生病了，還是家庭生病了，或者是社會生病了？〈敘事在青年人自殘／自殺議題上的實踐〉這一章沒有探討「生病」，而是邀請大家去聽「自殘／自殺」在說什麼，去看到「自殘／自殺」背後青年人的盼望，以及他們因而發展出來的能力與智慧。阿文看到「自殘」讓自己異於常人，這個「不正常」帶來很多負面影響，但其實也給自己帶來了「異於常人」的能力，進而去探索自己偏好的身分認同。小欣透過分享「過來人」的經驗，貢獻了一系列集體檔案的開啟，如：活下去的理由、自殘／自殺想法的替代方法等，也讓筆者反思倫理所帶來的困境，以及敘事實踐者的個人倫理。

　　第五章主要以青少女終止懷孕的經歷為例，透過探討傅柯主張知識／權力、全景敞視等概念。了解性之權力／知識是如何規範及規訓著我們。而在多元交織（intersectional）的理解框架下，一個人多重的身份如何建構多重的壓迫。多元交織下如何塑造青年人，特別是青少女，在其獨特的社會位置（social location），面對着體制與文化已設下的「常規化評價」（normalizing judgement）。本章刻意忠實地呈現青少女的生命故事及她們對經歷終止懷孕的直接敘述，目的是希望凸顯她們第一人稱的生活經驗（lived experience）以及在地知識（indigenous knowledge）。因為她們的在地知識正正挑戰了主流的權威體制及其論述（如：來自醫療知識體制、某些主流宗教或文化所主張的「道德」體制），跟部分讀者的價值觀也許有差異，甚至可能引起不舒服之感覺。在此除了先請讀者見

諒，更希望讀者可以暫且放下個人價值觀，了解她們的故事及想法。這些故事主人翁及作者本人並不是為了「改變價值觀」，我們只是單純地希望能夠呈現她們的故事和想法，因為被看見、被聽到本身已經是一種力量。

從以上五章裡的青年人的故事和經驗，我們能看到青年人們每一位都努力迎戰、抵抗或反抗主流對他們的要求。縱使他們的聲音被忽略、被忽視了，他們抱持的信念和盼望有時候變得非常細小，甚或消失於無形；當這些信念和盼望有機會站於人前，我們發現它們的力量並未減退，個體的知識和智慧更令人敬服。在第六章，我們見證幾位專家對筆者的教導，使她銘記於心。

第七章講述筆者過往在前線工作中，認識敘事及運用敘事的心路歷程，如何運用「外化」概念於曾有成癮行為的青少年及其家人。阿寶是一名使用「冰毒」的青年人，在一節面談中透過「問題外化」，阿寶把「冰毒」命名為「黑仔」，並開始探索「黑仔」與他的關係，及探索其生活中過去曾不聽「黑仔」話的經驗和方法。此外，筆者亦分享了一個用藥青年的家長小組，當中一節運用了「問題外化」，與家長一起探索藥物「阿鬼」是如何吸引子女去親近它，從中家長們發現子女的需要，家長們也思考「溫暖的家」可以怎樣吸引子女回家，以及彼此應對「阿鬼」的智慧。此外，筆者重新對這些實踐再度進行自我反思，以建議可修正的地方，回顧敘事哲學如何為筆者帶來啟發，再思考怎樣以新視角重看青年人，這些新視角都能

為介入實踐帶來新的可能性。

　　坊間對青年人充斥著不同的論述，有「未來棟樑」、「充滿活力」、「潛藏無限能力」……相反，「衝動」、「不成熟」、「容易結交損友」或「人際關係脆弱」等等也屢見不鮮。每當青年人找上輔導員時，往往都處在被問題充斥的狀況，一般也會被訴說成朋輩支援系統缺乏或呈現負面狀態，導致他們不斷陷入「問題處境」，重覆對自己及身邊人不利的行為。此文章嘗試從敘事實踐精神出發，結合重記會員對話地圖（Re-membering Conversation Map）去與兩位青年人重記起他們的生命會藉（Association of Life）成員，發掘不一樣的與朋輩同行的故事。

PART **1** 紀錄與陪伴
聽青年人說

第一章　多謝青年人給予我的禮遇

秦安琪

　　構想這一章與各位讀者分享什麼故事時，驚覺原來我的社會工作歲月一直有青年人相伴，在這裡先向過去超過45年曾在我生命某一時刻出現的每一位青年人致謝。

感謝有您多年的陪伴

　　攻讀社會工作文憑課程的第一個實習，我是在聖雅各福群會的小組及社區服務部進行的，當時主要提供團體工作；第二個實習在馬利灣女童院（現為馬利灣學校），該院為因家庭遇到挑戰而出現行為問題的女童提供住宿照顧服務；畢業後第一份工作是在中華基督教會香港區會轄下一間中學任學校社會工作員，有機會服務青年人及其家庭。

　　修畢社會工作碩士課程後，我投身防止虐待兒童會的保護兒童工作，當中接觸的不乏受到虐待的兒少。離開該會是因為加入香港浸會大學的社會工作系，自此開展了27年多社會工作教育的生命歷程，與無數青年人相遇、分開（學生畢業了）、再相遇（與學生們在一些關於社會工作或諮商工作的培訓或活

動裡碰一面）。

屈指一算，原來與青年人共行已超過45個年頭。至今仍有聯繫的包括當學校社工時戲劇組的學生，他們都是當年初中一年級，與我同一年進入該中學的學生；或是在社會工作系任教時的學生，還有一些於社福機構以敘事理念服務的青年人。再有機會與他們聯絡或見面時，定當一一道謝，感謝各位為我過去的光陰添上色彩。這一切讓今天的我有機會從一起走過的日子裡清楚自己一直抱持著當社會工作者的使命，並與我的生命價值重逢。

現在，我就邀請各位讀者與我多謝的青年人給我的教導和啟迪，見證我為著未有細心聆聽他們的經歷、多做一點而說一聲對不起。有機會回看他們的故事讓我看到「成功眼睛」對我們每個人的影響，同時也親睹各位青年人為達到心中盼望的「成功」而努力，提醒我要與青年人一齊找到每個人的「明珠」，讓它閃亮發光。

跟您說聲「多謝」

與以下幾位青年人相遇的經歷至今仍然刻骨銘心，可以的話，希望跟他們說聲「多謝」。

那一年的晚上，在漆黑陌生的香港仔街道上尋找回家的路，駭然發現一輛車正迎面駛來，才意識我錯駛入了一條反方

向的單行道。因為小巷太狹窄，無法來個U型轉彎，唯有急忙倒車，希望快點離開小路。未幾聽到警報聲，原來有一輛警車就在後方靠右的路旁。把車子停在警車旁邊，心想這回定要扣分罰款了。拿出駕駛執照準備奉上之際，一個陌生的聲音發自警車司機身旁的警員：「秦姑娘，當年要不是你，我便當不成警察了。」還未看清楚說話者的面龐，他繼續說：「現在你倒車駛到街口左轉，便能回到大路上了。」

這位警員是誰？他好像有說出自己的名字呀。對，他是我當學校社會工作員第一年遇到的初中三年級學生。因為上課頂嘴、欠交功課，經常被老師責罰，好多次我經過他的班級教室時，他正與另外幾位有同樣行為的學生被老師下令站在教室門外，好讓老師可以安心講課；我會向他們伸出舌頭，他們則會報以鬼臉。那一年的下學期，老師們以他已被記下三個大過，按校規應該離校為由，「建議」他下學期自動退學。

聽到這個決定我很痛心，或許是這些被認為對師長不敬、上課頂嘴的學生與我的關係滿不錯，他們對我是很有禮貌的。更重要的是，未能完成初中三年學業及老師評語劣等的學生很難升讀其他學校，即便已經15歲也不容易找到工作。我便跟校長商議，讓他們完成初中三年級學業才離校，幸而得到校長應允，不過倒得罪了一些老師。相信他就是拿著初中三年的結業證書投考警員的。

曾經與朋友分享這件軼事，大多數的反應是「好心有好

報」。曾幾何時，我也有這樣的想法。認識敘事後發覺當時並非以「做好事」的心態服務學生，而是希望為他們的福祉努力。另外，我深信讀書不成不一定就是問題，反之我們應探索教育制度是不是能為每位兒少提供「良好」的學習環境和機會。或許因為深受戈登・漢密爾頓（Gordon Hamilton, 1951）及瑪麗・李奇蒙（Mary Richmond, 1922）的「人在情境」（person-in-situation）影響，一直以來我都相信個人遇到的問題不能只圍繞個人的內在（如：性格）的問題，我更要審視個人及家庭身處的環境。雖然在諮商過程中，漢密爾頓著重促進個人適應社會大環境，而忽略了改變社會情境以回應個人及家庭面對的問題（Cornell, 2006; Norton, 2009），但他提醒我們不可忽略情境和社會對人的影響，使我學習到不視個人或家庭為問題，而是各人身處的「接受環境」（receiving context）出現問題。

生態理論及人在情境中理論助我在探討頂嘴、不愛學習或成績低下、人際關係困難、違規行為、家暴、夫婦衝突、失業等問題時，我從不把這些問題內化為兒少或家庭的問題。敘事理念更讓我以好奇心探索行為的意義，個人藉以告訴我們的是什麼生活故事；作為社工師或諮商師，我們是在回應青年人的問題，抑或青年人遇到的問題？

3年多預防虐兒工作中認識的兒少，大多因為讀書或行為問題而遇上不同程度的虐待行為，無論身處何種境況，他們並不抱怨、大多不願與社會標籤為「施虐者」的照顧者分離，希

望留守在有虐待行為的家庭。與他們工作的過程看到親子關係沒有虐待行為在其中時的溫馨一面，這些經驗教會我親子關係沒有問題，「虐待行為」出現在關係之中才是問題；主流觀念對孩子應該有怎樣的行為表現、父母或照顧者應該要怎樣教養孩子方算理想的價值判斷深入人心，使我們忽略了個人或家庭遇到的困境才是問題。

跟您說聲「對不起」

可以的話，我希望在此跟一些可能因為我沒有好好聆聽他們的故事和未能陪伴他們度過生命遇到的某些困境的青年人說聲「對不起」。

今天仍然責怪第一年當學校社會工作員的我說了不應該的話、後悔因為對某些行為的判斷而可能導致兩位初中一年級的學生遠離社工室，並與「有問題」的朋輩為伍，更有「誤入歧途」的風險。問題是因為我以主流價值觀對青年人的期望來考量二人的行為表現。

校長精心安排社工室在高小公開試成績最低劣的那兩班新生的教室旁，這兩班學生遠離其他初中一年級學生，相信是期望社工能接近這些同學，預防並及早介入任何問題，同時不讓他們可能有的不良行為影響其他成績中上的學生。該兩班其中十幾位同學總喜歡在下課或午膳時間到社工諮商室聊天，上課鐘聲響了也不願離開。除了歡笑聲，他們也會分享哀與愁、悲

與傷、喜與樂。他們也是我的老師，會告訴我在屋邨成長的經歷是怎樣的；我也曾請教他們不同粗話的意思，還記得各位專家說得雀躍興奮的樣子。

那一年學校的陸運會上聽到他與另外幾位我不認識的學生不停說著粗話時，不禁問為什麼在社工室一向文靜有禮的男孩竟然說出如此粗俗的話？他的行徑也不像平時的溫文爾雅。按耐詫異、可惜的感覺，對他們微笑便走開。假期後他如常跟其他同學衝進社工室，大家在興高采烈地憶述陸運會的經驗之際，我禁不住（以說笑的方式）對他說：「原來你會說粗話的。」他沒有回應，而我還重複這句話一兩次。自此，他再沒有出現；未幾，聽說他常缺課，後來離校了。

在某一個階段，男生和女生好像總喜歡鬥嘴互罵。除了大伙兒的時間，她也喜歡與我面談，她經常投訴某些同學的不是、對待她不好，也有提及不喜歡家人。感到她有點「偏激」，故此經常為其他同學辯護，我好像沒有聽到她埋怨我「偏袒他們」。那一年暑假後，社工室再沒見到她的足跡，與她同一屋邨居住的同學說她與邨內的黑社會份子為伍。

為什麼我對「粗話不敬的態度」心生反感？如果當天我沒有在其他同學前多番說「原來你會說粗話的」、如果沒有「偏袒他們」，兩位青年人會跟那些後來「上了大學」的同學繼續前來社工室的話，他倆便可能不會跟「黑社會份子」結伴？或許也上了大學？為什麼我可以請教大伙兒不同粗話的意思，尊

重和學習他們的在地知識，卻不能接納那個沒了「文靜有禮」時的他？不能細聽「埋怨」背後在說什麼？沒有感謝她對我的信任？

我以為亦相信自己是愛護這些被學校發放邊疆、被成人放棄的一群青年人，他們都是我的寶貝。所以我試圖改變二人的行為，導向主流期望的好學生、有為青年的形象，不會被別人看不起。然而，我同時以主流的標準判斷了「粗話」、「偏激」行為是不好的，成為打壓他們的同謀。為了沒有好好聆聽他們的故事和陪伴他們度過生命中某些時刻遇到的困境，使我至今仍感到內疚和自責。

以上的經歷和體會永遠銘記於心，敘事也讓我學會他們可以有不同面向，也不一定要上大學。無論有什麼跟主流不一樣的言辭或行為，他們在訴說什麼樣的「個人現實」（personal reality）？他們希望我（們）可以怎樣回應、可以做什麼？他們可以活出所盼望的生活不就足夠了嗎？

另一位使我印象深刻的是一位被編排在走廊盡頭的「特殊學習班」的男生阿榮。每天上課前、下課時間和放學後，他都會在社工室門口探頭進來說聲「秦姑娘，早安／拜拜」或「他們取笑我」。這位個子高大、年齡較其他同學為長的男生喜歡獨來獨往，同學們既害怕他，又會經常跟著他背後拍打他、給他起外號，「刺激」他，讓他發怒。他一回頭追趕他們，各人便很開心地跑開。偶爾有一位同學被他捉住、被他怒瞪，其他

同學便立即向老師投訴「他又發瘋了」、「他恐嚇／打罵同學」，每次他都會大聲重複那簡短的一兩句「他們先追我」、「他們叫我外號」，老師命令他閉嘴，他偶爾會做出好像想打老師的樣子。老師們會帶他到我的房間，期望我使他安靜下來。每次在社工室內，因為緊張或憤怒使手指變得屈曲僵硬的他都會慢慢平靜下來。

　　阿榮也很「聽從」我的話，例如我解釋社工室的門關上時，我可能正與別人傾談，請他不要試圖推門進來、不停拍門，或在門外跳躍起來，希望透過玻璃窗往室內望，他會不斷提醒自己「秦姑娘關上門，她在進行諮商，叫你不要推門呀；不可在她門外跳躍叫喊呀，不然她不理你的。」我從來沒有說「不理你」，這三個字可能是他在不同環境聽到，起了自我監控的作用。

　　雖然我沒有為阿榮冠上「不正常」、「無法跟同學好好相處」、「有問題」的形容字句，但卻沒有多做我可以做的。我本可以多聽他說說遇到的霸凌經驗或找到讓他較容易分享經驗的媒介，而不是止於那一兩句的表達。為什麼我沒有跟責罵他的老師多描述他遇到的被「取笑」的經驗？是什麼阻礙了我與老師一起探索出現在同學間的「問題」的可能性？我受到什麼影響以致沒有與其他學生進行探索「同學間關係」的活動？

　　不知道阿榮現在的生活過得怎樣？

「成功眼睛」的凝視

那些年能夠上大學的都是公開試[1]成績不錯的青年人，就在我投入社會工作教育若干年後，遇到和聽到其他院校的老師說愈來愈多需要高度關注的學生，出現包括缺課超出規定的時數、欠交／遲交功課、抄襲、缺席實習等問題。這些「學習問題」，尤其是屢次發生在同一學生身上時會令老師不悅，認為他們沒有學習動機、不負責任、馬虎了事，日後怎能當上「好社工」、「好市民」？就按規則處理吧，待他們成績平均積點過低便得退學。在課餘時身兼幾份副業的學生可能得到兩種不同的對待：有老師認為是時下青年為了賺錢買名牌物品的惡果，不容鼓勵，需要強硬處理；也有老師因為知道學生為照顧或供養家庭而需要工作寄予無限的同情，運用酌情權，以寬鬆的方法對待。

對於在學期中出現情緒問題、交不了學費、自毀行為，大多老師會抱支持的態度，希望能夠幫助這些學生度過困境；也會慨嘆現在青年人都在溫室中長大，沒有吃多大苦頭，面對困境的抗逆能力每況愈下，我們得提供時間管理和情緒管理的導修課了。也遇過／聽過有學生好像人間蒸發，先後失蹤多時都聯絡不上，最終知道他們因為父母債台高築，被銀行／大耳窿（放高利貸者）上門追債，甚或在其家門淋潑紅色油漆，獲知

1　公開試：香港中學文憑考試（Hong Kong Diploma of Secondary Education Examination），慣稱「文憑試」或「DSE」，為六年制中學的畢業試。

情況的老師都報以憐憫之心，缺課欠交等違規行為的懲罰都獲豁免。

我也曾經認為某些行為不能接受，例如知道解釋缺課欠交的理由是謊言、為別人簽出席表等。雖然我會嘗試探討每一位學生是遇到什麼事情才使「違規行為」出現，但也會被怎樣才能當上「好社工」、「好諮商師」的清單影響；雖然我會不斷提醒自己「對事不對人」，但偶爾亦會對好像「沒有學習動機」、「屢次遲交功課」的學生失去了耐性，閃過「不再接受任何理由」的念頭，或有同事勸告「不要輕易相信」、「不要太仁慈」等字句，而停止聆聽和相信。

回想起來，我何嘗不是標籤了一些「明顯」有違規行為的青年人？在「要負責任、培養合乎道德的社工師或諮商師」的呼喚下，再加上「好社工師」、「好諮商師」的清單度量，讓我或多或少會跟隨清單對待學生、社工，以及自己作為教育工作的一員去「表現生命」（perform life），而忘了多聆聽各人的故事。

Polanco（2010）的文章發人心省。引用了傅柯的「凝視」（gaze）概念，他描述青年人於家庭、教育、宗教等制度裡經驗的「審察凝視」（inspection gaze）。打從幼兒園開始，幼兒便在千萬對「成功眼睛」的監察下成長。自出娘胎不久，孩子好像由外表、成績、行為到人格、品德都不能只跟同齡的小孩一樣，而是要出類拔萃。在各方的比較和鞭策聲、自

我監察（self surveillance）和努力嘗試配合（fit in）成功眼睛的作用下，無數的兒少逐漸嚐到不足、失敗的滋味，不自覺地遷入無助、無望的居所，像是無法再踏上成功的康莊大道。

學校和老師都知道學生的成績「不理想」會影響公開試的成績，繼而影響進入大學的人數，接著影響該校的排名下降等等。近年，令老師和家長煩惱的問題還有學童拒學、輟學的情況不斷增加；使各界擔憂的是，世界各地兒少自殺率的提升，留意到臺灣、內地、新加坡、韓國、香港等地的政府都熱切尋找兒少自殘自毀的原因，並制定不同的策略，希望及早預防。當下，這個問題得到的關注似乎超越了「不良行為」、「違規違法行為」了。這個關注是「好」還是「不好」？

其中一個建議包括鼓勵老師和家長聆聽和了解兒少的需要和心聲。一些曾接觸拒學、有自殘、自毀、自殺想法或行動的兒少的社工分享，兒少們或多或少都有以下的一些經驗：對學習沒有信心、人際關係問題、成人對學習的期望、自己對成績的期望、對前路或生命沒有方向、對世界感到沒有希望等等。

當我們致力明瞭兒童福祉（child well-being）、兒少身心精神健康之際，為什麼學業成績自古至今仍然是兒少、家長、老師集中注視的一環？學習真的只為追求知識和做人的道理嗎？在今天，完成大學本科課程好像是最起碼的學歷要求。攻讀碩士或博士無疑是因為發現所學的不足、希望提升個人的知識或升職的需要等原因。不知多少次聽到一些社工說「我的同

學都已讀了碩士」、「我的同學都升職了」，碩士學位、升職會不會慢慢成了「成功」的指標之一？「人望高處」這四個字可以是鼓勵我們向上，但是否也有可能成為打壓一些人的權力所在？

不良行為／違規行為也是身分認同，是青年人想像本土文化或大社會對他們行為的評價，就像我在與大家相遇的過程中不自覺地評價了他們的行為一樣，縱使未必贊成我的反應或認同我的評價，我的反應仍有塑造他們負面身分認同的作用，使他們遠離「正常人」的道路。McMenamin（2014）提醒我聆聽青年人（違規）行為想要表達的盼望，讓青年人可以重新敘述（re-describe）所重視的人和事，而非只著眼行為可能帶來的傷害。

如果有機會與這些受到各種困擾的兒少（再次）遇上，我希望跟他們說聲「對不起」，也請求他們告訴我自他們由娘胎來到世界的十幾年間，他們遇到或經驗了什麼使他們對社會、世界、他人毫無留戀？是什麼問題故事掩蓋了他們原有的盼望夢想？也請他們教我怎樣是最貼近他們的聆聽？我（們）可以做什麼與他們共行，度過艱澀歲月？還有很多方面需要請他們賜教……

成功之路由誰創造？

如前所述，今天兒少遇到的問題似乎有增無減，大家都認

為問題較從前更為複雜，包括自殘自殺、虐兒、家暴、霸凌，因偷竊、使用藥物等事件被警察帶走，校內外黑幫的影響等。

是什麼令兒少遇到種種個人或家庭的能力可能無法應對的挑戰？是什麼支持助人專業不放棄與兒少及其家庭共行、一一對抗挑戰？多個世紀以來，是什麼讓我們認為所有問題都是個人或家庭的問題？又或我們已經質疑「個人或家庭問題」這個標籤？就如同是什麼讓世界出現戰火、殺戮，人際間出現猜疑、欺騙，失去了寧靜？

世界似乎失去了寧靜，這個疑問我找不到答案，只感到唏噓無奈。然而，一直支持著我對生命抱有希望的不僅是敘事理念，而是眾多曾相遇的生命。無論遇到什麼問題和挑戰，他們都在困窘中對抗並努力讓「成功」出現。

對抗「失敗」的阿偉

工作3年後，我離開學校社會工作員的崗位到美國讀書，一天收到一位我離職前就讀高中三年級的學生阿偉來信分享他的喜悅：「我終於考上大學了。」在信中他透露考了6年公開試終於成功，他重複說「我告訴自己一定要考進大學」。我驚嘆他的毅力和堅持，也為他對抗「失敗」標籤的努力而感動。阿偉堅持要考上大學是因為他不相信命運、不相信失敗，他很早便立志一定要考上大學、要證明給所有人知道「我是可以的」。他並非受到壓力或是要滿足別人的期望，這是他的決定

和盼望，又或是他反抗教育制度（或是大社會）以他在學校的成績便斷定他是「失敗者」的身分。最近發現對抗「失敗」標籤的不只他一人，另一位青年人考了5次公開試後也如願進入了大學。

「要發掘成功」的柏健

柏健描述的生活故事主要由問題的片段所組成：在學校他是被取笑、被打、被圍攻的對象，若「還擊」則會被老師記過。他「永遠是最差的那一個」，學業和人際兩方面都是失敗者；「別人是正常一個年輕人，我是一個不正常的人」，「很多事我都做不來，無論社交、能力都跟不上大家的步伐，像被死氣籠罩」，無論他多麼盡力去做，都沒有人欣賞，令他失去自信、不開心、有少許抑鬱，他形容這是一個他無法制止的「惡性循環」。

「成功」的學業和人際是社會對兒少的期望，多年來柏健於這兩個範疇嚐到的都是失敗經驗，也為自己冠以「不正常」的身分認同。縱使盡了力還是沒有效果，他說希望有「改變」；他與人分享自己拍攝的照片，別人沒有回應，而他認為所拍的照片是「劣中之王」，卻仍繼續四處攝影，並與人分享。我好奇：「是什麼支撐著你？」

柏健：不是支撐，是寄托，我已經什麼都沒有，如果沒有這些，我真不知道還有什麼。

秦：聽你說，縱使沒有人陪伴，你也會自己去拍照。

柏健：不一定拍照，學習音樂也好。

秦：你學習音樂？

柏健：又是比較，並非獲得自信，反而破壞自己一部分。

（由於好幾次想與柏健踏入重寫故事的路徑未果，此刻我決定運用敘事諮商師的「去中心但具影響力」（decenter but influential），不跟隨柏健而提問了似無還有的問句）

秦：你有興趣攝影，有興趣玩音樂，玩什麼音樂呢？

柏健：不是玩，是讀樂理。

秦：你讀樂理……

柏健：比來比去，永遠覺得自己是最差的一個，學樂理不學好過學。

秦：那為什麼你仍然想學？

柏健：我不想比較，是環境迫使我要比較，我多少級，你多少級的。

秦：聽你這麼說，你並不想比較？

（跟隨柏健繼續，「比較」的故事可能是前往他的價值信念的入口）

柏健：我好廢，沒有人會理我。找一個不懂的人都說比我做的好，最破壞自信。

　　我倆的談話便在發現不一樣，旋即回到問題故事和問題身分的循環。我亦學習堅持似無還有的問句，希望可以找到更多或更豐富、與問題故事不一樣的片段。

秦：那麼這個「拍照」、「學音樂」，怎樣可以繼續？縱使被說「差」、「劣中之王」，但你仍然繼續拍照，是什麼令你繼續？

柏健：這一批照片被評為「劣中之王」是受外來環境影響，令我的判斷系統開始有點混亂。

秦：影響你的判斷？

柏健：我希望別人給我意見，即便說不好也不要緊，這不會讓我不開心。主要是我好努力，但他們不尊重我。其實我的自信一直都低，從幼兒園到現在高中都沒有改變，不快樂的經驗愈來愈多，積壓起來。

秦：我有點好奇，積壓十多年的壓力，面對這樣的惡性循環，你是怎樣仍然繼續嘗試，你的希望不是打破循環？

柏健：我希望發掘成功……

　　除了攝影、樂理之外，柏健還喜歡畫畫。我們每次見面，柏健都會帶來他的攝影作品給我觀賞，也會分享他是怎樣取景、怎樣捕捉動植物的神態，讓我大開眼界。得到他的同意，我邀請了一位某攝影學會成員的朋友前來作局外人見證，那一次柏健還把照片製作成投影片，對話完結後，他倆談得十分投契。此後，柏健再沒有約我見面，他參加了攝影學會，相信他已找到「成功」。

　　在兒少的世界裡，什麼是「成功」？成功之路由誰創造？柏健一句「我要發掘成功」常鼓勵我要與青年人一起發掘他們界定的「成功」，發展他們盼望的故事，找到他們的明珠。

青年人的明珠

多年來，有不少探索兒少的開心指數、幸福指數的中外研究，都得出這些指數在下降。每年都有志工以聖誕老人的名義回覆兒少的聖誕新年願望，有報導說這幾年兒少的願望不再是玩具、成績等，而是家人健康及世界和平。這些不也是成年人的盼望嗎？而王女士的盼望是找到兒子的明珠。

「總有一天，會找到他那顆明珠」

若干年前，在一個與機構合作的項目裡訪問了一位母親王女士，她的孩子被讀寫障礙纏繞著。孩子上幼兒園不久，王女士發現他功課落後了，怎樣教導他都不懂，讓他做作業時總會拖延，或是出現大哭和鬧脾氣的情況。經教育心理學家評估後說他有讀寫障礙，王女士頓時感到很大壓力，恍惚間還差點被汽車撞到。

孩子的成績持續滑落，她感到自己和學校都幫不了孩子。她讓我印象深刻的是：

「我時常找很多資料，但都沒有方法去栽培兒子……覺得他文武都不行。……時代不同了，現在什麼都追趕得很快，你走慢一步如何跟人競爭？」王女士繼續說：「要把他教好，令他健康生活……所長得到發揮，是我的責任。我要保護他、幫他『搭路』（拉關係），所以我要操練自己忍耐、有愛心、接

納和體諒他。人人各有所長，要發掘他的長處；成績不重要，最要緊是小朋友enjoy。終有一天，會找到他那顆明珠。其實他人緣很好，有好多朋友，又常常幫助別人。我就尋找方法去配合他，我們跟他說有一個叫『讀寫困難』的怪獸影響著他，使他跟其他小朋友不同，讓他知道並不是自己有問題……希望他找到自己的自尊。」

我也記不起有多少位青年人曾經歷無數公開試失敗、看不到前路、信心盡失，生命從第一天開始就像是為考上一等的幼兒園、小學、中學及大學而活似的，人生的方向除了讀書、考試，似乎沒有其他選擇。

每次回想王女士這段話，我都深受感動。從孩子初上幼兒園的成績，她聯想到孩子的將來，我們的社會時刻注視著孩子的成績。我立即想到麥兜電影《社會棟樑》裡老師說「誰會是未來的社會棟樑或未來主人翁」，她教導「I will be a doctor, I will be a lawyer, I will be a Chief Executive Officer (CEO)」。麥兜和同學們跟隨老師誦讀時都無法正確為CEO發音，不禁令我懷疑他們知道CEO是什麼嗎？

王女士同樣受到看重成績的主流價值影響，當孩子的表現與主流的期望有異時，她經驗擔憂和不安，到處找尋解方。另一方面，她努力「操練自己」，以「忍耐、有愛心、接納和體諒」與孩子一同應對「讀寫怪獸」，並要發掘孩子「所長」、找孩子的「明珠」，發現孩子「人緣很好，有好多朋友，又常

常幫助別人」的特質。這些特質很容易被問題淹沒了，王女士對兒子的愛護使我動容。我們可以怎樣發掘兒少的明珠？

「沒有什麼可以做」的勵峯

老師見勵峯總是獨自一人，沒精打彩的樣子，形容他是「行屍走肉」，要求他與學校社工李姑娘見面。李姑娘可能被這句「沒什麼可以做的」影響了，與他的談話無法展開，便與他探討可有興趣與我見面。第一次與勵峯見面時，我請他告訴我他的經驗，他同樣回應說：「沒什麼可以做的。」讓我好奇的是，那他為什麼答應與我見面？這話似無還有的可會是他想做或曾經想做什麼？我問道：「如果可以做，你希望可以做什麼？」勵峯沉默下來。我意識到自己太快問了似無還有的問句，還沒有探索他為什麼要來，或他帶來什麼問題故事。

秦：您來這裡總有一些原因。現在先這樣安排，好嗎？我們先聊一下，任何時候如果有什麼讓您感得不舒服或不想說話的，您都可以不作聲，好嗎？

勵峯：好。

秦：您可有什麼要說的……

勵峯：您問我好了！

秦：那請您先說說您為什麼會答應李姑娘來這裡？

（由他帶領可以改問「您想我問您什麼？」）

勵峯：是她叫我來的。

秦：她叫您來，所以您便來？她還有沒有說其他？

勵峯：（點頭不語）

　　勵峯低頭不語，我便問一些相關的資料性問句：「您與李姑娘見面多久了？」他回應：「去年學期結束時。」我們總算繼續談話：

　　秦：當時是什麼原因要您見她呢？
勵峯：好像是班主任要我見她。
　　秦：是班主任要您見她的，那您是否願意呢？
勵峯：沒所謂的。
　　秦：您知道班主任為什麼要您見李姑娘嗎？
勵峯：班主任說我好像經常不開心的樣子。
　　秦：班主任說您不開心，她是如何留意到的呢？
勵峯：不知道。
　　秦：她沒有說嗎？
勵峯：她好像有說過，但我忘記了。
　　秦：剛才您說，班主任叫您見李姑娘，您便見李姑娘，然後李姑娘叫您來見我，您便來見我。其實對您來說，見我們是為了什麼呢？
　　　　（我仍在探討見諮商師對他的意義）
勵峯：隨便吧。
　　秦：那您們見面時會談些什麼？
勵峯：說東說西，也談一下流行歌曲，家裡的事。
　　秦：是哪些東？哪些西？
　　　　（他也提到流行歌曲和家裡的事）

勵峯：不知道怎樣答。隨便吧！

秦：聽您說了好幾次「隨便」，我想到「能遷就人」。

勵峯：「隨便吧」，虛銜而已！

秦：虛銜？

勵峯：能不能遷就人這種事情，是觀點與角度而已！

　　談話到此刻我仍未知道勵峯為什麼答應前來，縱使是「遷就人」，他是任何人都會遷就嗎？在什麼情況下、涉及什麼事情會有遷就？可有不遷就的時候？還有很多問句可以探索「遷就」這東西，又或有機會聽到別的人與事。

秦：我不在您學校，所以不認識您學校的人，我也沒有問過李姑娘有關您的故事，所以可否請您告訴我，否則我不會知道。

　　（回想起來，我認為這句話帶點權力，像他必須要「告訴我」似的）

勵峯：其實我也不知道。

　　（再回到「不知道」，我便先編輯一下，再找方向）

秦：我能否說一說我聽到的。如果沒錯的話，您好像很能遷就人，無論要您見學校的輔導老師，或是我，您也會照著做，但這似乎不是您自己的意願。儘管如此，在您來說，您這次來見我，您想要得到些什麼呢？

勵峯：（沉默了一會）不知道，沒有想過。

秦：不知道我有沒有錯。別人要您怎樣做，您便怎樣做。

勵峯：我也覺得是。

秦：那別人要您怎樣做，您便怎樣做，好像來這裡並不是您
　　想要的，我好像看不到勵峯啊！我們在這裡見面，您可
　　以選擇聊一些您想說的，做一些您想做的，然後我們一
　　起去做。您想要做些什麼？或是您未來想做些什麼？

勵峯：我想跟關心我的人關係好一些，溝通好一點。

秦：跟什麼人的關係？

勵峯：家人。

秦：您介意我把我們的談話記錄下來嗎？

勵峯：沒所謂。

秦：可否請您說一下是哪些家人？

勵峯：奶奶、嫲嫲。

秦：還有呢？

勵峯：哥哥。

秦：還有什麼人您想和他們關係好一點的？

勵峯：叔叔。

秦：您想要跟他們關係好一點的，還有其他人嗎？

勵峯：老師。

　　班主任關心的不單是勵峯的成績，她同時留意到他有不開
心，我才有機會聽到他「想跟關心我的人關係好一些，溝通好
一點」，還有他生命會員的清單。感謝勵峯持續與我見面了約
10次左右，談到他與父親相依為命、父親給予他自由、他希望
父親的工作不用那麼辛苦、大家可以多點時間傾談等。閒來他
會做模型，在我們結束見面前他說即將完成一個6呎長、3呎寬
的船隻模型，還邀請了嫲嫲來作局外人見證。有機會聽到很多

勵峯的經驗還有他感興趣的故事，細說怎樣做船時見到他臉上掛著笑容，帶給我無限鼓舞，激勵我繼續與兒少尋找各自的明珠。也讓我堅定了信念——即便他們會說「沒有什麼可以做的」，或他們對我的問句沒有回應，或以「嗯」、「不知道」、「不清楚」、「忘記了」、「沒所謂」回應，我深信兒少一樣會為在意的人和事努力、堅持、不放棄！

讓青年人的聲音響起來

決定購買一本書通常都是先被書本的名字吸引。10多年前 *Researching Young People's Lives*（Health, Brooks, Cleaver & Ireland, 2009）這本書吸引我的地方是，它提醒我們作為研究員應抱持什麼價值信念。我聯想到的包括：加入社會工作行列的初心，可以怎樣看待青年人及家庭遇到的問題、如何實踐社會工作的倫理原則（林瓊嘉、秦燕，2017），尤其是尊重、不判斷、個人自決、正義、接納差異、增強個人能力，都與敘事理念如出一轍。青年工作是與青年人一起工作（work with），並非為青年人工作（work for）。青年人是她／他們生命的專家，我們要以青年人的經驗為中心、向青年人學習、讓青年人發聲。

書寫這本有關青年人經驗、智慧和夢想的集體檔案，其中一個目的也是希望青年人的故事和聲音並不只限於我們這幾位聆聽者，而是有更多聽眾和觀眾能與青年人及我們共行。

感謝青年人給我的啟迪

不久前先後與幼兒園、中小學、大專院校的諮商師、社工師和督導，及青年工作者在不同的會議或餐聚見面，過程中他們的手機響個不停，要不是回應社工同仁在學校或青年服務遇到的「複雜個案」，便可能是在危機支援。事實上，過去10多年，遇到老師和社工輔導人員我都會說十分敬佩他們，除了他們與青年人的工作著實充滿無比挑戰和艱辛之外，也要應付「家長投訴」與日俱增的情況，而他們都堅守各自的信念，繼續與青年人尋找方向和出路，這些信念不曾改變。

Vikki Reynolds（2019）在*Justice-doing at the Intersection of Power*一書中探討社會工作員因為結構問題，例如欠缺撥款、服務對象提出的需要愈益增加卻無法滿足、沉重的工作量使同仁間的支持減少等，加上服務對象出現其所遇到的問題更趨嚴重、成功自殺等情況的話，都會使社會工作員感到的孤獨感、無能感有增無減。Vikki提出捍衛工作員尊嚴，推動關愛、持久及能力感，以及締造團結、有凝聚力、共同承擔責任的工作團隊，還助人專業一個公道。在我看來，這些支援工作員解構失敗身分及結構問題和權力的盼望，同樣適用於與兒少的合作。

感恩多年來與兒少的合作讓我學到、發現、體會良多：

環境與身分認同

社會學及心理學對青年人（成長）階梯的描述，不但影響青年人，或許也影響著老師、家長、專業人士，成為壓迫青年人的同謀。我們怎樣可以對這些主流論述如何被傳播及影響著每個人保持敏銳的觸角，以陪伴青年人及其家庭看清主流論述的權力與壓迫、如何把青年人分類，在社會裡製造了一個又一個的失敗者，塑造及固定了無數青年人的生活及身分。

Norton（2009）探討生態心理學（ecopsychology）與社會工作的文章裡引述有關「人在情境」的研究後指出，從成長理論和敘事理念的角度，身分認同乃與我們身處所有環境的經驗息息相關。抗逆（resilient）與脆弱（vulnerable）的客觀分類存在問題，沒有「刀槍不入」（invulnerability）這回事，而是一個因環境變遷的可變狀態。飽受負面經歷的人可透過與創傷經驗不一樣的嶄新經驗及更同理的世界、個人期盼的經驗來抵抗（counteract）過去的創傷，並帶來可能性。她繼續闡述人與人的「聯繫」（connection）有賴個人能與生態系統的人或物擁有平等存在，沒有控制、壓迫、支配等的關係。

公平對待

「公平」在很多青年人的生命裡都無比重要。以往受到虐待經驗的兒少或因與其他同學之間出現衝突、情緒高漲的學生，在滔滔不絕、憤怒、埋怨聲中我還聽到那股對受到不公平對待的抗議聲。很多位最後都會說「這樣不公平」，每當聽到

這三個字我整個人都被軟化了。在這世代，社工可以怎樣與兒少建立公平的環境？

新西蘭塞爾溫學院設立的「反騷擾小組」Anti-harassment Team（Lewis & Cheshire, 2000），就學生之間發生的衝突（如：種族歧視）的做法我們或許可以借鏡。一位非洲裔學生圖勒因為另一位同學約翰屢次穿著「白人至上主義」標記的襯衣出現在他面前，多次要求其除去標記不果，二人出現口角；約翰繼而在圖勒面前作出希特勒的姿勢，最後他被同學們圍攻。「反騷擾小組」的會議裡，每位參與事件的同學各有5分鐘發言時間，約翰聽到圖勒講述父親在南非的種族矛盾中喪生，母親每夜垂淚，圖勒亦請約翰想像其母親每天流淚的境況。約翰由此意識到他從來沒有想過的事情。

我深受「反騷擾小組」的使命所感動。無論青年人之間出現什麼問題，每位青年人都享有均等的發聲機會或權利，每個人的故事都被聽到、被回應。工作員的問句豐富每個人要說的故事，連繫每個人活過的歷史、現在的行動，亦可以發展將來；當中也展現各位參與者的同理。

挑戰主流論述對兒少經驗的限制

主流文化孕育了每一個生命，給予我們生命中重要的信念。另一方面，不容忽視的是在文化影響之下，兒少及家長老師們在「正常人」、「好孩子」的要求籠罩的陰霾下，限制了

很多生活的可能性，塑造了「失敗」、「無能」的身分，令青年人對自己、成人、世界失去信心和感到絕望。

各位青年人教會我要與青年人一同衝破「成功眼睛」，如（White, 2011）所言：讓青年人遇到的問題如（苦痛、創傷、自殘自毀等）的經驗、知識、智慧及盼望的聲音響起；提供機會抵抗對他們的「侷限性敘說」（limiting narratives），比如對他們的故事或能力的懷疑，令他們成為以別人為專家的被動接收者。

Nwoye（2006）認為「好」的心理諮商是讓「熟悉的變為陌生、陌生的變為熟悉」（making of the familiar strange, and the strange familiar）（p.8）。我們聆聽個人詳細描述熟悉的問題故事，會同時聽到常被忽略、陌生的一面；陌生的故事有機會發聲及豐厚時，會讓我們發現熟悉的一面，我們從家庭、社會、文化、歷史傳承下來，個人選擇持守的價值信念。

感恩在我生命裡出現過，給予我共行禮遇的青年人。盼望我（們）不要再為青年人加添負面標籤，並以尊重、平等的態度，以耐性、謙卑之心，陪伴青年人大步走向他們所盼望的「成功」、找到各人珍視的明珠。

參考文獻

林瓊嘉、秦燕（2017）。**社會工作倫理守則簡表**。中華民國社會工作師公會。https://nusw.org.tw/wp-content/uploads/2017/11/社會工作倫理栽則簡表.pdf

Carenevale, F.A. (2020). A "thick" conception of children's voices: A hermeneutical framework for childhood research. *International Journal of Qualitative Research*, 19, 1-9. DOI: 10.1177/1609406920933767

Cornell, K.L. (2006). Person-in-situation: History, theory and new directions for social work practice. *PRAXIS*, 6, 50-57.

Dulwich Centre Foundation (2011). *Life-saving tips: Special skills and knowledge from young Australians*. Retrieved from www.dulwichcentre.com.au/life-saving-tips.html

Facaa, D., Gladstone, B. & Teachman, G. (2020). Working the limits of "giving voice" to children: A critical conceptual review. *International Journal of Qualitative Methods*, 19, 1-10. DOI: 10.1177/1609406920933391

Hamilton, G. (1951). *Theory and practice of social case work* (2nd ed.). Columbia University Press.

Heath, S., Brooks, R., Cleaver, E. & Ireland, E. (2009). *Researching young people's lives*. Sage.

Lewis, D. & Cheshire, a. (2000). *Taking the hassle out of school: The work of the anti-harassment Team*. Selwyn College.

McMenamin, D. (2014). Supporting reputation and behavior

change at school through exploring and retelling preferred identity stories. *Journal of Systemic Therapies*, 33(3), 69-86.

Norton, C.L. (2009). Ecopsychology and Social Work: Creating an interdisciplinary framework for person-in-environment. *ECOPSYCHOLOGY*, 1(3), 138-145. DOI: 10.1089/eco.2009.0046

Nwoye, a. (2006). A narrative approach to child and family therapy in Africa. *Contemporary Family Therapy*, 28(1), 1–23. DOI:10.1007/s10591-006-9691-6

Pincock, K. & Jones, N. (2020). Challenging power dynamics and eliciting marginalized adolescent voices through qualitative methods. *International Journal of Qualitative Research*, 19, 1-11. DOI: 10.1177/1609406920958895

Polanco, M. (2010). University students take action under the gaze of 'the eye of success': a narrative collective initiative. *International Journal of Narrative Therapy and Community Work*, No.2, 59-70.

Reynolds, V. (2019). *Justice-doing at the intersection of power.* Dulwich Centre Publications.

Richmond, M. E. (1922). *What is social case work? an introductory description.* Russell Sage Foundation.

Ungar, M.T. (2001). Constructing narratives of resilience with high-risk youth. *Journal of Systemic Therapy*, 20(2), 58-73.

White, J. (2011). Re-imagining the study and practice of youth suicide prevention. *Journal of Systemic Therapies*, 30(4), 89-98.

第二章　青年人故事選擇權及話語權

鍾威文

前言

　　麥克‧懷特致力以敘事治療方法及隱喻推翻現代權力。如何讓當事人有自主地位和主權去選擇自己的故事方向、內容、生活和習俗背景，而非只根據輔導員的聲音、分析、地位及專家描述的問題、標準去作為主要的交談方向。敘事實踐是運用非規範（non-normative）治療法讓當事人作出故事選擇或掌握話語權，而非只集中在以處理問題為本的談話。因為每個人都有其生活歷史、獨特信念、生活經歷、故事、生活智慧、習俗文化、知識和生活技巧等，可以去理解和重寫出（Re-authoring）及打開（unpacking）替代性及可能性的豐厚故事（White, 2012）。所以應用敘事實踐的開展就是輔導員如何先讓當事人有對故事的好奇心、從不知道的位置（not knowing positioning）、放下過早和太快的假設，進而了解當事人的故事情節、內容、脈絡、期盼及個人的意義等，才可讓當事人擁有及呈現故事表達或話題的選擇權。

　　周志建（2021，頁230）說故事就是發聲，發聲就是一種

「權力」的象徵。所以來訪者及訪談者會有這樣的機會、可能性、選擇權與話語權,這就是我們應用敘事實踐的第一考驗。我們如何理解自身的角色、功能、專業和定位,從而讓當事人作出交談的內容與方向上的選擇。

約翰・文斯拉德及傑拉德・蒙克(2007)指出在會談室進行敘事諮商與青年人面談時的態度,包括:樂觀及尊重、好奇及堅持、尊重個案的知識。社工不用權威地認定必須做某些事情或進行專家角度的提問,並以為知道文化世界的標準與真理,知道社會標準的運作、人們如何發揮功能或解決問題等。這樣社工就不會運用專業知識去判斷或武斷地將個人的理解及評估加諸於個案身上,而在面談開始時便會讓個案選擇話語權,由來訪者出發去傾談。運用敘事諮商的過程中賦予當事人真正的發言權、話語權及故事選擇權,這樣將會呈現共同建構對話或延續對話的展開,重點是由個案出發,顯示來訪者與訪談者平等、尊重個案的知識與生命故事的特性。

本章會透過相關敘事概念、現象、事例、訪問,去理解社工背後的權力價值觀對青年人的影響、專家與青年人之間的權力關係、如何讓青年人展現故事選擇權和話語權。

社工背後的權力價值觀對青年人的影響

現代權力建基於專業領域或紀律(discipline)和工作員/治療師成為專家的定位與期望。權力關係讓人們依現代(專業

領域）認可的常態來建構自己的人生、創造自我認同。而現代權力關係讓人們組成自我（紀律）建構人生（White, 2012）。社工會透過不同的專業領域，如：心理學、輔導學、精神學、醫學、社會工作等，呈現專業技術、跟隨專業標準和社會常態作出評估、分析及介入。很快便會得出結論和定性問題，主導來訪者該如何面對、處理及解決問題，而忽略了當事人的話題選擇、脈絡和處境的考慮、需要與期盼、歷史與故事等。

此外，社工會運用發展心理學、精神醫學、社會學的理論等去解釋青年人的心智發展，成熟、獨立、懂事的程度，經驗和能力，如：未夠成熟或未有能力、未能達到社會認同的成年人標準，故需要給予支援、指導、教導、引導幫助青年人去解決問題，重點是我們會從這不對等的、已被建構的想法及社會真理與規範去引領青年人，我們以高高在上的權力提供上文所描述的專家指引，這樣青年人的故事選擇權或話語權就不可能出現了。問題對話會展現，反而青年人的需要、關係和故事被遮蔽，這會讓社工與青年人交流的距離變得更加遙遠。

權力操作會將生命「畫分」，把人們的生活放置到常態判斷的量表或標準中（White, 2012），專家透過權力把人分類作比較，這樣就會出現專業領域創造出合乎常態的社會標準。因為專家身分被認同，從專家過濾轉出，尋找核心問題和主導性、掌控性，這才可以把權力運用出來。

吳熙琄（2001）指出人不該被貼上問題的標籤，考慮的應

該是人和問題的關係，人找出方法去掌控問題，並成為操縱問題的專家。當人有選擇權去表達、分享及講述自己的故事、故事線的內容與枝節時，人就有方法掌握問題，人變得有創造力得以開發及領回自身的資源與對自己了解的知識。此時人會變得自由和具自主性、選擇性，拿回說話的話語權。

胡穎怡（2015）指出青年人常常會被社會標籤化及邊緣化，行為表現會成為社會主流論述下的犧牲品，結果淪為「問題青年」。通常社工會用自己的經驗、智慧、專業和權力作出理所當然的描述、評估及分析，而忽略了青年人的智慧、經歷、故事表達及傾談的選擇權和話語權。因為青年人希望社工去聆聽自己重視和想表達的內容，故事情節與時間、人物、事情，乃至期盼和想法等。

社工在對權力及其背後的安全感、機構的交代與問責、專業問責與實踐的考慮下，會從問題徵狀等入手，運用社會理論把人分類，標籤化並運用理論去分析而沒有釋出選擇權，權力與判斷常態化，工作員運用專業批判和指導去（professional judgement and guidance）作評估及介入，從而運用權力去達到專業化、負責任，達到保障系統和制度下安全感之功用，但欠缺了當事人也是故事專家的角度。

專家與青年人之間的權力關係

麥克・懷特（2012）指出現代權力可被稱為「專業領域」或「紀律」（Discipline）。第一個層面是透過專業領域去建構自己的人生，並創造自我認同；第二個層面是由自我紀律建構人生。

要成為社工需修讀相關「專業領域」輔導理論及知識應用與技巧，包括：心理學理論、社會工作、精神醫學、異常心理學、動機理論、個性理論、特質理論、輔導學及理論、社會學、病態學等。當社工運用這些理論來分析、評估和介入時，用心理學解釋生命，檢查人的言行與想法是否符合常態或符合社會規範，然後給予有用、建設性、專業性的判斷和解決方案。這就會減低青年人動力，讓專家的知識取得特權，從而整個面談由我們出發，主導如何運用證據去支持我們的專業，青年人要跟著我們的步驟和方向去解決他們所遇到的問題。

曾醒祥（2017，頁203），指出社會控制下的青少年論述，會顯示出「正常」及「異常」之劃分。甚或透過不同的理論去解釋青年人的現象和狀態，如：社會聯繫理論（Social Bond Theory）、社會契約理論（Social Bonding Theory）、差別接觸理論（Differential Association）、中和法（Technique of Neutralization）等去解釋青年人出現的犯罪及違規等行為問題。曾醒祥（2017）指出將傳統權力視為否定、禁閉性、讓人窒息、收縮、盡失自由的東西。在現實情景會呈現的權力關

係，如：上司與下屬、父母與子女、老師與學生、有知識與沒有知識、有經驗與沒有經驗、有專業和沒有專業等。對社工來說權力的關係是「由上而下」，還是由當事人出發之關係是「由下而上」？如何理解這個提問，並在面談過程中讓青年人展現交談的話語權呢？這是被去權的實踐，還是我們要給予青年人充權的機會。

曾醒祥（2017）文中引用邵家臻所指出社工專業與圓形監獄有高度相似性，圓形監獄可比喻為24小時360度視像監察系統（360 CCTV）對人的監視。邵家臻指出社工專業是透過持續性的檢視（examination）、常規性的判斷（normalizing judgement）、層級化的觀察（hierarchical observation）等對人進行分等級制（dividing force and practice）。當社工對這些權力進行運用及實踐時，青年人如何去表達自己所選擇和盼望的故事內容、故事線和故事點呢？如果因為社工只考慮把關，回應自己的安全感（sense of security）和掌控感（sense of control）的需要時，專家與青年人權力關係的論述就會依此呈現，面談時便忽視了青年人也作為專家的選擇權，這樣的情況下青年人也會不喜歡、不願意跟社工分享及傾談問題故事。

如何讓青年人展現故事選擇權

黃素菲（2018）指出當來訪者或青年人願意賦予社工發言的權力，社工才獲得共寫（Co-author）故事的機會，在過程中社工會與青年人建立關係後產生視框轉移，再把故事選擇權

及話語權又交回給青年人手上，讓當事人帶領我們展開交談和敘述故事。黃素菲更指出，當中可從不同的敘事問話方法去延展當事人帶出話題後的延伸、好奇或探索，如：促進反思性理解的問話、開啟空間的問話、解構式的問話、意義性的問話、發展故事性的問話、偏好故事的問話、描繪隱藏故事的問話、尋找替代故事的問話、多重故事的問話、多元觀點的問話、較喜歡選擇的問話。在延伸對話過程中，可以不運用內化問題的討論，只運用外化方法及敘事三個旅程，從被建構的敘事（be-construction）、解構／鬆動狀態的敘事（de-construction)、再建構／重寫的敘事（re-construction）中去發展、發現、發掘故事的意義及豐厚的身分故事。

當社工讓青年人去表達故事選擇權的內容和主題時，敘事實踐的其中一個概念是「似無還有」（absent but implicit），這概念之運用是指我們聆聽問題故事之同時，在另一面也會出現青年人的偏好故事或期望的另類故事。秦安琪（2021）引用Carey、Walther及Russell提議可運用似無還有概念之八個地圖進行提問及延伸故事，包括描述問題故事、問題與什麼相關、對抗／回應問題的行動或策略、對抗／回應問題的技巧和歷史、意向、價值信念和盼望夢想、似無還有的歷史、連繫未來等。這就不只由社工單一的專業和社會標準及規範去理解青年人遇到的問題故事，還能有另類、豐厚、可能性、意義性、選擇性的故事出現。

輔導與社工七大原則（個別化、有目的之情感表達、適度

的情感介入、接納、非批判態度、案主自決、保密），尊重當事人的自我選擇再思考學習「敘事治療法」背後的信念及態度是非常有意思的，因為我們已開始運用非主流的論述去創造更多空間、可能性及機會讓自己和服務對象重塑和重寫生活的經驗及故事，這更可以達到社工所堅信個人獨特性、案主自決、價值中立、理解人在情境中（person in situated context）的信念；「敘事治療法」能夠達到透過真誠的對話去理解及明白他人，從而相互體會生命如何影響生命，以及容許無限豐厚故事發生的可能性。筆者認為「敘事治療法」是一套探索視野和生活態度，同時可讓自己向此方向持續發展及研習，因為這套理論不但有助個人的人際溝通，而且可以有一個重新的意義去理解每個人在這個社會政治脈絡的故事（sociopolitical context）。

翁開誠（2003）指出人生是一個故事，有眾多角色，情節複雜曲折。透過說自己生命故事的過程而不是被診斷及被判斷，自己成為自己生命的創作者和生命藝術家。生命故事不斷地被自己重新創造、理解、尋找、發現、發展、發掘，無限可能性和豐厚故事就會被呈現出來。社工如能讓青年人去開展故事選擇權，透過好奇心，試圖注意自己所不知道的位置（Not knowing position），開啟、開展和延伸另類故事空間、故事點和故事支線。也可以透過解構式的問話從不知道位置及好奇、第三導向的提問（敘事視框轉移）去提問。也就是敘事實踐過程中會讓青年人帶領我們去探索和探討社會系統與文化角度及其意義，興趣放在例外和可能性、非通則、非看規律、差異。這才會令我們明白及理解青年人故事的處境、脈絡與在地性。

約翰‧文斯拉德及傑拉德‧蒙克（2007）指出敘事隱喻讓我們了解青年人描述的故事中的角色、情節等。社工不用唯一的專家和社會文化與規範的角度去理解青年人遇到的問題和被標籤的故事。社工將把青年人描述的每個故事情節及角色、意義與行動由青年人自選地表達視為首要，社工把故事選擇權給予青年人，並尊重青年人的生活經驗，重視話題由青年人開展，這也是敘事實踐的第一步，讓青年人選擇由講什麼開始，讓青年人帶領我們明白故事的旅程和其深層的意義是什麼。

社工面談時青年人展現選擇權的實踐

以下引用4個故事，以此引證和分享筆者與前線社工在同青年人交談時，如何讓青年人出現故事選擇權的可能性，以及其中的限制。

故事（一）：從打遊戲開始的回憶

20年前的一個故事，當事人中三時選擇在學校與在家打遊戲的生活方式。筆者用了6個月的時間，每一個星期前往當事人（以下稱之為C）家中去探望C及其家人，從而去認識C並與其建立關係。筆者由2003年開始認識、學習敘事治療，於是選擇運用及實踐，如何注意自己的專家身份和權力去評斷以上行為是一個問題，並鼓勵當事人去改變自己，從而把當事人帶回社會應有的標準和行為，所以該如何放下專業與權力去理解C，筆者不以任何標準化的價值觀（normalizing value）、標準

化的真理（normalizing truth）、標準化的判斷（normalizing judgment），從不知道的位置（not knowing position）作出對當事人故事的好奇心。由C掌握話語權及故事選擇權去講他的故事，而非用問題導向為本的方式指出C應該作出的改變，以及要面對的狀況、社會標準與規範。

回想當時，對於筆者的行動及關心過程，C是如何理解筆者的意向呢？對於C來說會有何想法呢？20年後的今天，筆者約了C會面交談，重回當時的情境，回顧當時C的想法。

C回憶說當時對筆者不反感，因為不是叫自己讀書、跟從規則和遵守規則，而且筆者也不是建議C要怎樣做。C認為筆者是想接觸自己，覺得筆者有耐性，信任筆者。C認為最後與工作員展開對話是從外出「飲嘢」（即喝東西）開始。因為C覺得與筆者相處舒服且沒有壓力。C憶起當時打遊戲也開始悶了，沒有人生目標，不知道做什麼才好？所以之後就跟筆者去中心做志工，參加相關試工計劃和訓練活動。

C認為自己愛美，喜愛剪頭髮、手工藝、攝影及有美感的事物等，之後就去做剪頭髮的工作，接著又覺得悶了，於是去讀英文，然後一個人到外地生活。在這段時間，C尋找不同的可能性、體驗不同的經歷。後來回港讀基礎文憑、高級文憑和學位課程，慢慢培養美感，認識得越多就越知道什麼是美。再後來成為助教協助藝術課程的老師教學、做自由職業攝影工作者，現為專業的廣告攝影師。

C更分享在當時，家人及老師的建議會使自己更迷失方向，自己就是想嘗試和體驗過後，再去作選擇。自己當時就是在尋找自己想怎樣生活，因為不知道自己的將來如何打算。但周圍的人都要C做些自己不想做的事，C知道自己不喜歡做。

　　回想當時，C感覺筆者是一個會幫自己的人，並且會陪伴自己，讓自己去尋找和嘗試想做的事，因為這對C而言是重要的。C認為追尋自己想做的事是重要的，透過探索，認識自己有什麼選擇（Options）是重要的。C認為回想這20年，所有的經歷都是過程，C把這故事的命名為「現在開始」。

　　讀者看完這故事會有何印象、畫面、共鳴、迴響呢？對筆者來說也是十分具意義的一個回憶，既開心又更讓筆者明白青少年的成長故事和他們究竟需要一個什麼樣的人與他們共同探索。而最重要是如何不讓青少年對筆者反感呢？想讓青少年掌握故事選擇權及話語權，首要要與他們建立關係、運用好奇心、不預設立場，而非抱持批判態度、專家前設、問題為本的方向作交談的延展。而當時筆者就不是用專家權力及問題為本的態度出發，反而是從C的話題及需要和狀況出發，這就是我常常提醒自己的「電梯概念」——由當事人的頻度（channel），即是當事人的處境（context）及個人所在的地方開始（start where the person is）出發。這就是非由上而下的交談，社工走向青年人的處境和樓層（平等位置），去讓當事人帶出話語權，並進行具好奇心和理解性（Possible to know）的交談。

故事（二）：從找尋工作開始的故事

筆者有一次要去接見一位參加就業計劃的年輕學員（以下稱為A），在翻閱A的資料時，發覺A自中五畢業後的幾年間，均沒有工作或進修的經驗。當時自己亦覺得奇怪及擔心A的社交及人際溝通能力、與社會脫節的情況等，而且亦會估計A是否切合當時社會的論述（dominant discourse）中長期不上學、不上班，拒絕社交，不參與社會活動，過著自我封閉生活之「隱蔽青年」呢？

當A前來中心與筆者見面時，工作員嘗試避免個人對當事人狀況太快的假設和結論、過早形成對當事人問題建構的理解和運用專家的論述作標準化或規範化的方式去與A對話，筆者嘗試開闊話題去認識A的生活情況，而且嘗試不用社會規範的價值判斷去分析及評估A是否屬於「隱蔽青年」。筆者亦透過好奇心（curiosity）與A溝通，以下為部分對話。

筆者：我們不如聊聊你每日生活是怎樣的。

A：我每天早上11時至下午3時會到鰂魚涌圖書館閱讀，我會看小說及玄學的書籍……

筆者：你會去鰂魚涌圖書館看這些書？

A：我平時都會去中央圖書館，但因為中央圖書館的小說及玄學書沒有鰂魚涌圖書館的多……

筆者：你喜歡看玄學的書，不如你講講玄學……

A：好的！玄學分生玄學及死玄學……那個玄學家最好……

當時筆者觀察到A表達得非常開心及投入，而且面帶笑容、充滿信心。從以上的短短對話中，便可以把之前筆者的擔心及假設完全放下。因為A不是「隱蔽青年」，而是勤奮和好學，並懂得把握機會去學習的青年人。

　　我們如何理解權力、語言、知識及故事，根據White & Epston（1990；2001，頁11），「為了創造生活的意義，人就面對了一項任務，那就是他必須安排自身事件經驗的時間順序，建立自己和周遭世界前後的一份紀錄。他必須把過去和現在，以及未來預期會發生的事件經驗連成線性順序，才能夠建立這一份紀錄。這一份紀錄可稱為故事。這個敘事如果成功，人對生活就會有連續感（sense of connection），覺得生活具意義感（meaning of life）。日常生活秩序的安排，未來經驗的詮釋都要依靠這一點。」

　　活過經驗（lived experience）或故事（stories）可以創造很多不同的生活意義及連續感，當然這需要透過故事的描述讓A找尋及重寫自己的故事（re-authoring stories）。但是被標籤為有問題的人，其活過經驗不被接受或認同，而且當自己的生活經驗與主流敘事互相矛盾時，就會覺得是當事人本身有問題，因這人的行為及想法有異於大社會的規範。如A中五畢業後不找工作做、不往大專進修，只是利用時間研習自己喜歡的玄學及小說，會否被大社會接納呢？

　　從上述的個案工作經驗中，筆者可以運用社會建構的角度

去理解及評估A，如：發展心理學、動機理論、抗逆力角度、異常心理學、行為更易法、認知行為治療、精要治療法等。但筆者縱然有這想法，在面對A時，筆者只運用「敘事治療法」的角度及信念去尋找A的活過經驗或故事。其實主流故事以外，人人皆有很多豐富、肥沃的經驗，這就是「敘事治療法」所描述的獨特事件（sparkling events or unique outcome）。從A的故事中可以發掘出A對玄學的研究及喜好，對不同圖書館藏書的研究、準時且有恆心地到圖書館閱讀書本等，這都是個人的獨特經驗，當中涉及很豐富而獨特的知識。如果筆者用主流社會的論述及建構的知識去評估A，筆者相信很難找出A的個人獨特故事，因為我們所說的話會讓我們與A的對話空間和可能性窒息。

上一段提及主流社會的論述及社會建構包括很多社會科學知識，而這些知識（knowledge）亦成就我們社工，成為社工掌權權力（power）的工具，這是因為要給社會人士一個專業定型的訊息，從而提昇這個行業的社會階梯及社會地位。而這些知識是由不同的社會規範及專家知識的言語（language）及權力所操縱的；並給予社會多個及多套的標準化的價值觀（normalizing value）、標準化的真理（normalizing truth）、標準化的判斷（normalizing judgment）、層級化的觀察（hierarchical observation）（曾醒祥，2017）。如果筆者用標準化的真理、判斷、價值觀去理解和建構A，A的獨特故事或活過經驗不會有機會被呈現，而且A亦不會與本人有長達一個小時的真情對話和溝通。這正是本人在引言中所提出的：溝通

要有好奇心，要小心自己所運用的社會標準化的語言，並開闊創意及可能性（possibility）的用意。

故此，從以上我們得知，現實社會的標準與規範是由語言及社會建構出來的，而社工亦是被大社會建構的一份子，社工所運用的語言及知識亦是權力的象徵，這象徵意義附帶了社會的道德、文化、社經等的價值標準，同時會阻礙、停止服務對象重塑及重寫自己故事的機會，更甚的是社工成為了社會控制（social control）的一份子。如果能在與青年人開展交談時，由青年人出發，讓青年人掌握故事選擇權及話語權，在諮商時不採用問題導向的提問，轉變視框，青年人的故事及其他可能性就會被呈現、被聽見了。

故事（三）：巴士路線的故事

這個故事豐厚了我實踐敘事話語權的經驗，也是一個我學習與反思的印記。這故事源自於一個邀請，我的敘事老師邀請我作為局外人見證會的一員聆聽B的故事。當時B是在院舍住宿，B同時有多樣狀況和需要，包括：家庭情況、壓力與情緒、精神狀況和特別需要等。

我還記得頭幾次我跟老師和她媽媽一同去院舍跟B見面時，B的狀況看起來不太理想，意思是指精神狀況、說話表達、心情起伏不穩定等。我們只帶一些B喜歡的小吃、白紙和筆去與B面談。小吃，食物是人的基本需要，而表達及說話只

是其中一個相互之間溝通的方法。當時我們只由B帶引我們面談的方向及內容。B的字詞表達不太容易理解，我們就給B一張紙和一支筆，讓B自己選擇想與我們聊什麼樣的內容。B只在紙上畫出路線圖並寫下巴士號碼。我們好奇地去理解這是什麼意思，B想跟我們講述什麼樣的故事主題、內容、故事線、故事點、人物、時間、地點、回憶及事件等等。

之後數次面談，我也繼續運用紙與筆，讓B從圖中的文字、圖形、巴士號碼去表達，由B主導故事選擇權和話語權去促進大家的溝通和交談的內容，更重要是我以B想講述和表達的方向作延伸、好奇與探索的開展。當然，B從上面互動中的文字、圖畫及數字帶出了個人與家人之間的故事、過去的回憶及經歷。讓我更明白及理解B的故事與情境、行動意義、背後的想法、期盼、需要與夢想等。

之後面談的方向及內容之豐富性、吸引性、關注性、需要性和在地性也慢慢地呈現出來。多樣化的意義、象徵意思及B的故事地圖被呈現了，這也是B想跟我們分享和表達的需要及想法。透過畫圖也連結了我們之間的交談可能性、延展性、意義性及選擇性，B對家人，包括弟弟、爸爸和媽媽過往的回憶、想像、關心、開心、分享和期望等意義性。而數字就代表不同的巴士號碼、巴士路線承載的回憶，曾經與家人去過的地方及當時的故事內容：時間、人物、地點、事件、內容、意義、過程等等的細節。

如果我們一開始就依其表徵問題化、量度化、標準化等的專家為本的方法去評估、分析，我想我們不會明白B的需要，B也不會願意與我們分享自己的故事內容、盼望、想法等。這個例子證明社工可以如何解構自己的權力和專家單一角度，讓當事人擁有選擇想打開、分享或講出自己重視的故事的權利與話語權。

　　本人認為應用敘事的第一步就是讓當事人擁有故事選擇權去講自己想分享的話題及故事內容、情節、行動等，然後社工運用好奇心、幻想力、聯想力、創意思維，並在進行遊蕩過程中去理解及明白當事人的故事與脈絡和人在情境中的狀況。這樣故事才有可能性、探索性、延展性、共建性、迴響性等，透過敘事地圖之實踐和應用，尋找替代故事、描繪隱藏故事、發掘可能性故事、豐厚另類故事之出現，共同建構出具有人的多元性和自主性的故事及身份意義。

故事（四）：應用敘事故事選擇權之前線社工實踐

　　以下這位前線學校社工將分享如何在運用敘事實踐做面談的同時，又考慮自身身處的環境、機構的要求和利害關係人的監察的情況下進行面談；如何找到面對環境轉變與生活處境、專業監察、機構和上級督導、學校系統、社會文化規範的生存智慧，讓青年人有選擇權地表達自己想傾談的故事。

　　為了理解前線青年工作社工的敘事實踐智慧，我邀請了K

接受訪問。K為我之前督導的社工實習學生，畢業後當了社工，從事青年社工幾年，包括青年外展及駐校學校社工工作。實習時段已引入敘事實踐與社會工作、青年工作的理念與實踐，近年K也進修敘事實踐的基礎課程。以下會從幾個情境下如何實踐和應用青年人故事選擇權和話語權作總結性的分享。

K受敘事實踐技巧的啟發而對此感興趣，在K的過往工作經驗中也發覺助人者或社會化代理者，如在學校系統內外之相關專業人士、外展工作遇到的社區人士及家長等，特別容易對青年人的表現、行為、外表、言行下判斷、貼標籤。K認為透過敘事的對話能呈現青年人的生命圖，人與事、人與人之間的關係、如何理解自己的期盼及需要。所以K與青年人交談時開啟話題會是以當事人的此時此地（here and now）作為切入點，由青年人帶出話語權，選擇想交談的主題、主線或內容，而非以問題和行為向度為入手點或展開點。K認為聽故事時首要是以人為本（person-oriented and humanistic），而非以問題（problem）為入手點。

各種不同的情況下，K在學校如何應用青年人故事選擇權及話語權呢？以下會就不同處境再作延伸及探討如何實踐。駐校社工會面對的其中一個情況是，家長或老師希望我們為子女或學生給予支援。K認為工作員如何先解構權力和理解當事人之首要任務是社工的自我察覺。K會先由互相認識開始傾談，先了解到底發生了什麼事，怎樣看家長或老師對自己的描述、在家中或學校的生活情況等作為切入話題。K認為如何把內化

（internalizing）提問轉變為外化提問（externalizing）是一項重要的應用，如：如何看親子關係、當事人的想法和期望如何影響當事人做決定和理解自己與人的關係、當事人想怎樣面對家人與老師等。

在處理危機或精神健康有關的面談時，K認為同樣要考慮相關危機及評估步驟，確保人與環境的安全，但更重要是如何承載當事人當下的情緒。K引述一個學生企圖自殺的例子，當處在安全情況下，如何讓當事人表達，以及聆聽當事人的狀態和內心心聲才是更重要的部分，而非只聚焦在評估及分析危機、解決問題、處理問題故事等方向，如「描述你現在的想法，你想怎樣？」。運用外化及命名方法去讓當事人把人與問題分開，如「想死，對你做到了什麼？它為何不成功呢？」。所以故事也非單一的問題故事，還有例外、可能、豐厚與另類故事，如何聆聽當事人的表達並開啟話題，就是重點了。

K與有特別學習需要（special educational needs）的同學相處，會在課室的日常開始接觸和認識他們，由青年人的喜好和興趣出發，建立關係，了解他們的生活喜好和表達方式作為交談的主線。K會放下一些社會及專業的標準和規範，從學生出發的話題中去延伸故事。

K分享在學校工作運用敘事實踐的心得，如何運用人與問題分開的視野去理解學生、運用好奇心和可能性、由問題轉為關注（concern）、放下專業，不直接給建議和解決問題、如

何給予學校老師和家長建議並平衡各人的需要。K更分享如何營造機會讓青年人運用自己語言表達、讓青年人有發聲表達和分享內心的可能性、讓成人與青年人同樣平等地擁有選擇權及話語權、從重視人的需要的角度理解問題；如何讓青年人有表達的機會，而不被限制和打壓他們對自己處境、挑戰和需要的表達與選擇；工作員如何去建構青年人表達話語權之可能性，同時留意自己對專業位置和社會標準的解讀。

總結

從上面4個故事的分享了社工讓青年人有故事選擇權後，出現的意義及可能性。對故事的理解，背後的信念、期盼、原則等的表述就更有意思，而不侷限於敘說行動及基本內容和過程等層次，更重要的是讓當事人成為專家，給予權力讓青年人選擇，引領我們進入他們的故事旅程。青年人實現個人選擇身分故事開展的可能性，人是經驗帶來的故事的專家，透過重寫對話，在賦予青年人話語權的過程中，邀請青年人將被忽略、被遺忘、被重視的事件、主題及情節，依時間軸，和生命事件連結。

本人在帶領實習社工時，也會帶出如何讓青年人主導故事選擇權和話語權的方式，如：「你想傾談什麼呢？」、「近況如何呢？」，另類故事的選擇性、自主性、可能性、豐厚性、多樣性、立體性、獨特性、在地性和意義性就會出現了。這正是在運用敘事實踐的第一個理解「故事選擇權和話語權」的出

現，社工如何放下個人的主觀經驗、價值判斷，運用好奇心、從不知道的位置（not knowing position）去理解當事人的故事與脈絡、社工如何理解及呈現社會規範和專業領域、自我和機構與專業紀律之勇氣，這才是敘事實踐學問之源頭和哲理，多位臺灣老師也曾認為敘事實踐就是視框轉移的開展。因此，我們要持續留意個人對主觀經驗、社會建構、個人的歷史的認識，帶著助人者的好奇心展開交談的第一步，讓當事人的「故事選擇權和話語權」出現，這才是有意義的建立關係，當事人才會願意打開心窗與我們敘述其生命故事。

最後，本人十分感恩自己多年跟隨她學習的敘事老師 Angela，邀請參與這本敘事實踐與青年工作的分享集。筆者亦能就20年的敘事學習、理解、應用、實踐、帶領、分享培訓和督導的經驗，重新詮釋、演繹和整合敘事實踐與人生意義探索之旅程，敘事實踐點燃了我的人生色彩。

參考文獻

吉兒‧佛瑞德門及金恩‧康姆斯（2003）。序言通過故事來成人之美。**敘事治療的力量：解構並重寫生命的故事**（易之新譯）。張老師文化。

吳熙琄（2001）。代序。**故事‧知識‧權力：敘事治療的力量**（廖世德譯）。心靈工坊。

周志建（2021）。**故事的療癒力量：敘事、隱喻、自由書寫**。心靈工坊。

胡穎怡（2015）。**攸關青春：青年工作的論述與對話**。紅出版（圓卓文化）。

約翰‧文斯拉德、傑拉德‧蒙克（2007）。**敘事治療在學校中的應用**（陳信昭、曾正奇、陳聰興譯）心理出版社。

秦安琪（2021）。第四章：原來有你——發掘似無還有。秦安琪、曹爽、梁瑞敬、黃綺薇、葛思恆編著，**重新詮釋人生風景：用敘事治療改寫命運，為生活找到解方**。張老師文化。

麥克‧懷特（2012）。將世界帶入治療，推翻現代權力的運作。**敘事治療的實踐：與麥克持續對話**（丁凡譯）。張老師文化。

麥克‧懷特及大衛‧艾普斯頓（2001）。**故事‧知識‧權力：敘事治療的力量**（廖世德譯）。心靈工坊。

曾醒祥（2017）。「邊青」是這樣煉成的：規訓引申的污名、去權和壓迫。基督教香港信義會社會服務部、香港浸會大學青年研究實踐中心**「邊青」是這樣煉成的——敘事角度**

下外國展工作的實踐。頁 203-212。紅出版（圓卓文化）。

黃素菲（2018）。**敘事治療的精神與實踐**。心靈工坊。

Morgan, A. (2000). *What is narrative therapy? An easy-to-read introduction*. Dulwich Centre Publications.

White, M. & Epston, D. (1990). *Narrative means to therapeutic ends*. W.W. Norton.

PART 2 對抗與建構
青年人
重新敘說

第三章　成就與失敗

Iris、蘇亦斌

「我覺得夢想就是，當你快要停止呼吸的時候，仍然一定要做的事。」

——《哪一天我們會飛》

電影《哪一天我們會飛》由男、女主角平淡但暗藏危機的婚姻掀起序幕。時間彷彿把兩人年少時的生氣活力及理想夢想洗刷淨盡。一晚，男主角盛華和女主角鳳芝出席同學聚會後，盛華駕車與鳳芝回家。駛到家門前，盛華把車停下，鳳芝卻一臉茫然。「公司還有工作呀。」盛華說。他示意鳳芝先回家休息，自己要回公司加班。

車廂裡盛華說得理所當然，好像生活只剩下工作和賺錢一樣，然後過著來去匆匆的日子。另一邊，鳳芝則對工作和婚姻關係感到鬱悶。亦因為這份鬱悶，鳳芝重回校園舊地。隨劇情開展，一幕幕年少往事湧現，重新喚起兩位主角對關係、未來和夢想的渴求。

這部電影對照著我的青年工作。我接觸的青年往往是敢於

作夢的。然而，在社會主流論述影響下，大家總要求青年要「成長」、「成熟」、「成功」，而路徑只是集中指向「讀好書、上大學」。一個學生是否「聰明」、「能幹」，跟他的學業成績完全掛勾。今時今日，對菁英的追求愈演愈烈，青年已被要求不只要在學業上取得成功，更要多才多藝。在這股論述風潮下，青年常常拼了命地追逐各項與「成功」相關的指標，一不小心便會墮入如盛華和鳳芝般的生活：雖然「正常」，而且可能可歸類為「成功」，但並非過著自己想要的生活。

當成功的路徑只有一條、生活的方式只剩一種，世界是否仍然精彩？與學業成績落後的青年相處時，他們總是帶著被問題充斥的自我認同，例如「無用」、「差勁」、「人緣不夠好」。我很高興能邀請青年Iris跟我一起合作撰寫本章。在這一章，我們會藉著呈現幾次的面談對話內容，讓Iris分享學校及社會的期望如何影響著她，而她又如何回應這些期望。Iris希望透過分享自身故事，讓社會大眾更明白青年的經歷。

陷入抑鬱的青年——Iris

「我好困擾。我認為現在這般讀書很沒意義……好像不知讀了是為了什麼，但我又必須讀。因為身邊所有人都要我好好讀書，讓我覺得生活好難！」淚水一滴一滴的，從Iris的眼睛，再沿那雙被她形容為「哭成臘腸一樣」的眼袋流下來，把她的口罩都浸得濕透了。這是我一年前第一次跟Iris見面，她穿著校服，純白色的襯衫配著校裙，梳著一頂差不多及肩的中

長髮。因為疫情的緣故，Iris一直戴著口罩。

　　Iris當時就讀中五，一年後就要應考香港中學文憑考試，考試的成績將直接影響她入讀大學的機會。Iris初中時成績表現突出，可是她的成績從中四開始下滑，中五時更跌至全級倒數十名。眼見自己的成績每況愈下，Iris心中充滿不解，情緒狀態也變得愈來愈差。她一邊流淚，一邊分享近幾個月如何受學業壓力影響。我心想，眼前這個女孩子之前跟我不曾認識，但剛開始對話不久已淚流滿面，愈哭愈厲害，可能因為學業壓力已把她逼得喘不過氣來。

　　「剛才你提到的『困擾』是怎樣的？你想不想形容多一點點？」待Iris稍微平復，我這樣問她。

　　「近幾個月我一打開書本便會流眼淚。明明書本是我買的，但我現在看著它們，反而覺得自己被書本勞役，我覺得很辛苦。星期一到星期六，我每天都要補習，但不管我補多少習，成績都一直往下跌。我唯有告誡自己，『要受挫敗才會變得更好』。有時班裡的同學會互相比較成績，有某些同學得知我的成績，說我『垃圾』。為什麼我的成績總是這樣差？我想，可能是我不夠用功溫習，或者我運氣欠佳，溫習總不中考題，又或者自己根本放棄了溫習。」

　　「我覺得自己整天都在哭，常常想負面的東西。覺得生活很難，甚至想過死。」Iris哭訴。

人面對困境時會傾向把問題內化，認為是自己或他人出了什麼問題（White, 2013），隨之進行修正。Iris面對學業困難時似乎也是如此，她和同學都把問題內化。面對不斷下滑的成績，大家都歸咎於Iris能力不足、不夠用功、運氣差等因素，是個人的問題。Iris懷疑自己患上了抑鬱症，於是決定向社工求助。的確，如果按《精神疾病診斷與統計手冊》（DSM）或《國際疾病與相關精神健康問題統計分類》（ICD），不難從Iris的分享中發現與抑鬱症相關的徵狀，然後得出相關疾病的印象。但是，敘事治療相信「問題就是問題，問題不等於人」（White, 2013, p.12）。於是，我們撇開病理的角度，選擇不去為Iris遇到的情緒狀況貼標籤，也不去分析她情緒狀況的由來，而是透過外化對話去認識問題。Iris最初把問題稱做「負面」，後來她決定把問題命名為「垃圾」。

認識「垃圾」給Iris帶來的影響

以前「垃圾」也曾經在Iris的生活裡出現過。這次「垃圾」再出現，Iris形容它在數年間，由汽水罐般的體積變大到現在如一個五公升的透明大型塑膠水桶，又大又重。「垃圾」每次出現，都提醒Iris要為公開試做準備。不過，Iris對於這個提醒實在感到吃不消。因為「垃圾」的體積太大，把Iris喜歡的事物都從生活裡擠走了。

Iris形容自己以前是「吃貨」，可是「垃圾」令她失去胃口，無法好好進食，往往吃到一半便不得不停下來，最終「垃

坂」帶上「腸胃炎」來騷擾她。有時媽媽見她不進食又會罵她。另一方面，Iris形容自己以前「很逗趣」，身邊的朋友都常常被她奇怪的笑點逗得哈哈大笑。可是，她最近常常無故掉眼淚，自己也無法解釋，讓她感到尷尬。原來「垃圾」會等待Iris十分疲倦、無法集中的時候出動，使她腦袋一片空白，只顧流淚。或許Iris留意到我觀察著她的眼袋，於是她說自己最近都把眼睛哭成臘腸一樣。一些跟Iris要好的朋友都形容她「怪怪的」和「很負面」，使得Iris認為自己跟朋友的距離愈來愈遠。當說到這些自己重視的生活部分被「垃圾」一點一點地侵蝕掉，眼淚又落在Iris的臉上了。說著說著，我們才發現，原來對Iris來說，她最不願接受的，是「垃圾」把她變得「負面」，把她跟朋友的距離愈拉愈遠。

看著眼前的女生，一邊哭一邊訴說自己重視的生活一點一點地被「垃圾」入侵，我在心裡深深嘆了一口氣。同時，我又慶幸自己沒有簡單地循病理的角度理解她，所以我們中間才騰出了空間，可以去探索「垃圾」的模樣、給她造成的影響、當中的應對策略，以及「垃圾」的力量來源。

「垃圾」的力量來源與論述

「垃圾」為Iris帶來許多影響，幾乎讓她再也撐不下去。Iris形容，它在與學業相關的情景下力量特別大。我好奇，問她：「為什麼？」

「身邊每個人都跟我說『進入大學往後的路會好走一點』。學校裡有一個老師，我跟他關係不錯，但他常常說『大學是入場券。若無法升讀大專課程，未來可以選擇的工種會更少，你不會找到好的工作』。我不是不想讀大學，但是不是一定要呢？老師隔幾天就會跟我們說『捱過這幾個月就可以去玩啦』，真的讓我感到很倦。當每個人每一天都這樣說，我覺得好像一定要按他們說的走下去。但我自己並不想。」Iris一臉無奈地說。「垃圾」在與學業相關的情景下力量特別大，而且都跟她無法達到學業方面的期望有關。

　　「進入大學往後的路會好走一點」。上過大學，人生的路走起來容易一些。這句話竟然在二十一世紀仍然盛行。

　　我先關心Iris遇到的情緒。確定她已經有足夠的機會去表達後，我嘗試邀請她跟我分享她曾面對過什麼來自他人的期望，以及在學校裡還有誰也受著這些期望影響，這些期望又如何在學校環境裡一直保存著。當聽到這些提問時，她立刻坐正身子，整個人頓時變得有衝勁。

　　Iris一口氣列出一個又一個的期望：考入大學、努力溫習、專心上課、精神地上課、「狗衝」（香港地道語言，此處解釋作「為學業不顧一切地衝刺」）、考試最基本要取得六成分數、不斷練習考題模式等等。Iris還發現到對儀容和態度方面的期望，不過最令她在意的始終是跟學習和上大學相關的期望，「我從中二起參加音響工作小組。最近學校舉辦九十周年

開放日。以往基本上學校大小節日我都去幫忙，但這次校長不准中五、中六的學生幫忙，因為學生要讀書。不准我去幫忙！我十分憤怒！」。Iris對學校的老師們感到很生氣。我們一起承認當時出現過的情緒。同時，我們發現到除了Iris自己，她身邊的同學和老師們都有參與去滿足期望和相關的要求。有的同學跟Iris一樣從小就「瘋狂補習」，有的老師為了追求更高的整體學生成績而催谷（拼盡全力地敦促，亦可等同於逼迫）學生。

　　我好奇這些期望是如何廣泛地影響著眾人，又如何一直維持影響力？原來在學校、家庭裡、媒體中，乃至網絡世界都一直在維持及推動著這些期望。Iris分享，對普遍學生而言，成績與學生的能力掛勾，而且傾向藉學業成績推斷一個人未來的成就。在香港，「成功」常常跟「物質」相關，例如是否富有、是否駕車出入、是否持有地產等。「贏在起跑線」在香港流行，代表從小催谷和競爭的心態，反映香港競爭氣氛強烈。從小學到中學，學校常把學生根據成績分班，平均成績突出的班別被稱為「精英班」，Iris平常把它叫作「叻（棒）班」。而平均成績較低的則被叫作「差班」。Iris解釋說，「精英班」同學的校內成績反映他們有較大機會直接循公開試考入大學，因此校內普遍認為他們「叻」或「勁」（即「厲害」、「了不起」的意思）。Iris又說，學校會安排最好的老師任教「叻班」。學校還會定期把全級成績前二十名的學生姓名列出作公開表揚。對Iris來說，這做法好像在暗示「如果想被人看見，最少要考到全級前十名，就算名字被標註在表單的中間，

也只有最高名次的幾位同學才會得到注視。更不會有人看見最末尾的名次，即使已是全級前二十名」。而Iris的媽媽一直希望她被分到「叻班」。當她仍然在「差班」讀書，即使考到全班第一，媽媽都認為不值一提。

另外，坊間流傳各所中學的非官方排名。這是大眾根據各中學畢業生入讀大學的比率而猜測的。同時，若我們到學校區域走訪，不難發現大部分學校都在學校圍欄外掛起橫幅，展示學生成功升讀大學的比率，以此招徠學生報讀。而大部分家長都希望子女能擠進名列前茅的中學。如果子女能成功入讀高排名的中學，整個家庭都有成就感。曾經有媒體直播家長在子女落榜心儀學校後痛哭流涕。Iris又說，主流媒體的電視劇總是圍繞專業人士的故事，例如醫生和律師等等，好像標榜著專業人士才是唯一的成功人士。在網絡上，有網民會評價香港的大學，把大學分列排名，得出所謂「八大」，如果考入「八大」以外的學府會被取笑。Iris舉例「這樣差的成績跑去讀教育，畢業後做老師教壞人」。Iris抱怨大學的收生標準和錄取要求單只以公開試成績為主要考慮，而不包括學生的興趣和品格等，加上普遍鼓吹上大學是學生唯一出路，令人容易有「一試定生死」的感覺。從小到大，她就在這樣的環境氛圍和文化脈絡下生活，於是過往一直都對學業相關的期望不假思索地苦苦追逐，壓力大得讓她再也忍受不了。

敘事治療相信，人所以面對困境，是因為用了單一但不合身的標準去定義自己，而這個標準往往跟主流價值相關（黃錦

敦，2014）。在「成績高分等於叻」、「專業人士才是成功」、「上到大學才有出路」等論述下，社會對「成功」、「叻」、「聰明」等形成單一的標準，人人都會用這單一但薄弱的標準去量度自己的表現。當人能滿足期望就會得到獎勵，例如獲得安排最好的師資和得到讚賞等。相反，若人未能滿足相關標準，自己及身邊的人都會用盡方法追趕上去，例如不斷地補習和受罰。於是，大家就會習以為常地不斷順著這些標準過生活，而且認為這種生活方式就是現實、就是真相。如果反覆又持續地無法達到期望，人就容易為自己寫下「我真失敗」的結論。

離開「失敗」的足跡

Iris曾為自己冠上「失敗」的結論。「失敗」化身作「垃圾」，入侵她的生活。受傅柯提出對現代權力（modern power）的理解所影響，敘事治療相信可以透過各種對話地圖，探索個人「原本會屈從於這些（權力）技術但卻沒有屈服的片段」（麥克‧懷特及大衛‧艾普斯頓，2018，頁71）。其實Iris也有「逃離」的時候！

「我認為行行出狀元。就算完成中三後就離校，一樣有機會賺很多錢。可能人人都認為讀大學好厲害，但是假如我進入大學，卻只是讀些『水泡科』，又算不算厲害呢？我有個朋友，他的公開試成績只足夠讓他讀高級文憑，但他最後接駁到大學，我覺得他真的十分厲害！我認為他一定比直接入大學但

讀『水泡科』的人屬害！」Iris說。

我留意到Iris有種跟「上大學」不同的想法，而且她好像對「屬害」有新的理解，於是我抓緊機會追問她：「你剛剛提到的『屬害』是什麼意思？跟之前提過『高分、上大學等於屬害』是一樣，抑或不一樣的？」

Iris思索了片刻，然後說：「因為高級文憑的同學不是人人都有興趣讀書。我認為他屬害在於能夠在這樣的環境下仍然堅持著。我想起有個同學跟老師說『我不想讀大學啊，我只想學廚而已』，但老師都會叫他先進修高級文憑。當時我就想，為什麼要讀高級文憑？為什麼一定要讀書呢？高級文憑又沒有廚藝可以讀。論屬害，法國藍帶才屬害啊，難道一定要讀大學才叫屬害？」

當下我聽到Iris對主流成功標準的質疑，感覺到她說話的語調開始有力量起來。我很想繼續追問下去。但Iris沒有等我開口，她逕自補充，說：「其實我認為，有些人已經有個夢想，但是別人總想要他們讀大學。例如我媽媽就想我做珠寶設計，我婆婆就想我做護士，但是我心裡想考水電工牌照。」

這裡的反差、Iris的直率加上當時的語氣，令我按耐不住笑了起來。我開始明白為什麼Iris最初形容自己「很逗趣」。「為什麼每人聽完都會笑！我說給同學聽，她們都在笑，哈哈。」Iris自己也一起笑了起來。「其實我覺得不一定要升大

學。如果我想讀大學，純粹因為我喜歡的東西在大學。我比較喜歡心理學，即是一些社會科相關的。」

啊，Iris說著說著，把自己的偏好（preference）都說出來了。原來Iris自小就喜歡心理學，她在小學時就會購買、閱讀一些相關的書籍。她升上中學後，在校外加入了「聯校心理學聯會」。若要在香港入讀大學主修心理學，對公開試成績要求十分高。Iris認為自己的成績不可能達標，於是在校內應用學習課程選擇心理學，當作自己讀了大學。我們一起把這個偏好豐厚。她分享自己喜歡心理學的源頭來自小學時的一位班主任。他擁有心理學博士的學歷，卻選擇留在小學裡做教師，有時會跟Iris分享心理學的知識。於是她就被班主任的經歷，以及有趣的心理學迷住了。

黃素菲（2018）提出，當事人的故事裡總是隱含著似無還有、與渴望相關的故事，而開端常常在當事人提出的「不要」裡，例如Iris說「如果要為了上大學而讀水泡科，我寧可不上」、「我覺得不一定要升大學」等。這些「不要」，可能都是離開受主流建構的故事的出口。

Iris的「逃離」經驗

Iris也為意識到自己愈說愈興奮，然後總結說：「你讀到書是你，你做到喜歡做的事也是你，為什麼你不找個舒適的位子去做你喜歡的事，讀不到大學也無所謂。」看著眼前這個明

顯變得自信的Iris，我好奇這個想法是如何出現的，企圖把剛才在對話中出現的想法撐大、豐厚。

「低年班時我被分到『叻班』。那時我跟班裡的同學相處得不太好，學習氛圍又太緊張、太壓迫，然後我就覺得好辛苦。那種讀書氣氛可以說是『黐線』（不正常、怪誕的行為）。其實一旦有人逼我，我就會感覺非常不舒服。我認為自己是會自律的，但是他們又不斷逼我。跟現在的情況也有一些相似，不過現在的老師就無法逼得到我。他們會不斷講，但是不會真的用行動去逼，至多就半放棄我。因為我要逃離一下學習緊張的氣氛，所以我會自己去一些舒服的地方溫習，就覺得開心得多了。」Iris回應說。

「當時你是怎樣逃離的？」我問。

「我在『叻班』讀書感到很大壓力。翌年升級，一發現自己又被編入『叻班』真是有想死的感覺！我立刻下定決心跟媽媽說要轉班。她還以為我要轉去另一個更厲害的班。我告訴她：『不是呀，我要轉去比較差的班。』她聽到後二話不說就拒絕了我。我唯有瞞著媽媽寫信，申請轉班，然後叫婆婆幫我簽名。」

哇，好大的決心呢。「說到這裡，你會形容自己要逃離的是什麼？」我繼續問她。

「逃離壓力的源頭。」

我邀請Iris分享更多關於「逃離壓力的源頭」的故事。於是她分享自己如何不依規定的時間交功課、選擇一些功課然後決定欠交、跟同學約定要睡覺而不做功課（因為「垃圾」讓Iris失眠，如果她有睡意就寧可睡覺）等等的故事片段。身邊有人要求她專注學業，她卻堅持在茶飲業做兼職。一個又一個平常會被視為違規、學業表現欠佳的故事片段，原來對Iris來說，是她「逃離壓力的源頭」的證據。「『開心』才有意思。你想想，假設一生人有六十歲，即是差不多三分之一的人生都在學校裡度過，如果不開心就好辛苦。」她這樣說。

「這些故事片段，代表你真正重視的其實是什麼？或者有什麼價值信念是你很重視的？」我問。

Iris想起了什麼似的，然後說：「『在舒適的環境下愉快學習』，這是我在做試題練習時總會寫在旁邊空白處提醒自己的一句話。」Iris補充：「不管上班或上學，其實都是十分辛苦的。你在一個開心的環境下工作或讀書的話，你會暫時忘掉當時的辛苦。以我上班為例，我的同事們就非常好，上班時滿是笑料，讓我好喜歡上班。大家一起聊些無聊事、做些無聊事。但這樣不代表我們工作不認真，我們不會影響到工作。」

Iris的生活信念

幾次的對話下來，故事說到這裡，Iris早已離開「失敗」／「垃圾」的身分，她也漸漸放下對「成功」單薄的理解。問到她對自己生活的希望，她說：「保持開心、歡樂。」

認識Iris久了，有時她的「堅持」令我打從心底裡佩服她。Iris自小學過很多興趣活動，包括游泳、空手道、泰拳、鋼琴，但是她並未持有任何一個專業資格。以鋼琴為例，雖然她認為自己有八級的能力，但因她沒有參加考級試，所以她的鋼琴技能沒有被正式認可。她的媽媽和老師曾多次鼓勵她去考試，但她堅持拒絕，因為她認為「是否懂得一樣技能，不需要由其他人告訴你」。相比於鋼琴，她更熱衷於向別人分享一項「特別技能」──「玩手指」。她在我面前伸出兩隻手，然後快速比劃，做出特定的活動模式。她說自己已經花了數年去練習這些「無聊但有趣」的活動模式。

當人真心喜歡做一件事，不需強迫，他自然會努力。

Iris經我轉介與精神科醫生見面，得到醫生書面支持向考試局申請特別考試安排。校內試都會模擬特別考試安排，於是她會被安排在特別課室考校內試。她的同學因此戲稱她作「白卡Iris」（「殘疾人士登記證」因為外形全白色，故被簡稱「白卡」，亦有汙名化精神疾病患者的意味）。要透過在自己身上貼標籤才可換取平等的考試安排，我本來感到可悲，對於

自己參與貼標籤的過程感到愧疚。不過，在Iris眼中，這件事情頓時變成等閒事。「我知道自己是『正常』的，哈哈。」

失敗對話地圖（Failure conversations map）

麥克‧懷特（2002）指出「個人失敗」（personal failure）意指因未能複製眾人擁護的規範而造成的失敗或不合格的身分認同，且跟現代權力的運作相關。在常規化判斷（normalizing judgement）下，人們會常常自我審視，再修正自己的行為表現。若最終依然無法達至標準，人就會被冠上「失敗」的罪名和被邊緣化。若這樣的運作持續，就形成一種社會大眾習以為常的「真理」。眾人透過行動支持這「真理」，「真理」又同時支配人的行動。關於傅柯對現代權力的描述，在其他中英文書籍已有充足描述，就不在此贅述。

受中國網絡文化影響，近年興起一個流行語──「內捲」，指絕大部份人都追求同一種成功指標而進行惡性的、過度的相互之間的競爭，對人造成龐大的壓力和困擾。例如在香港的家長們之間流傳，人們已不屑學鋼琴，因為鋼琴在頂級學府而言「不算一種樂器，會彈鋼琴只是基礎技能」，對升學選校並無幫助，於是大家爭相學習一些冷門的樂器。我希望藉Iris的故事，介紹麥克‧懷特的「失敗對話地圖」（Failure conversation map）的應用。運用這個地圖，我跟Iris有機會從「垃圾」開始，探索她如何逃離現代權力的運作。

1.「失敗」相關的期望（Failure in relation to）

地圖第一個部分是嘗試跟Iris一起揭露那些讓她相信自己是「垃圾」，及她認為自己無法好好滿足的「期望、規模和標準」。例如：

「你提到同學叫你『垃圾』，你認同他們的說法，又覺得自己很『廢』、『垃圾』，其實是跟哪些你感到無法滿足的期望有關？」

「你提過很多的期望，哪些是你認為重要的，而讓你認為跟『垃圾』或『廢』有關？」

在跟Iris對話的過程中，我們曾一起探索在學校的環境和脈絡下涉及什麼「期望」。我們列出了一堆期望，但並非所有的期望都跟「垃圾」有關。於是我邀請Iris挑選相關的期望繼續對話。

2. 對「失敗」的回應（Responses to failure）

地圖第二部分是探索Iris曾為了滿足「努力學習、考入大學」，讓自己看起來合格而做過的行動。例如：

「你意思是想讓自己（考試）高分一點？你曾做過什麼去追求『高分』？」

「為了追逐、滿足這些期望，你還做過些什麼？」

　　Iris由幼稚園開始補習，日日如是。而補習的確令她在考試裡得到更高的成績，所以當她成績落後時就想到補習。

3. 獨特結果（Unique outcome）

　　第三部分探索Iris「逃離」故事的出口，包括一些Iris曾對於未達期望而表達過的不同程度的接納、做出與期望不同的回應但沒有因而感到難受、拒絕滿足期望。例如：

　　「什麼時刻你決定不再追逐下去？」

　　「當你說『行行出狀元』、認為『不一定要讀大學』，是否跟你之前的追逐有一點點不同？你做了什麼不同的事？」

　　「你說自己已接受了這個（低的）分數，為什麼？是不是代表你在跟某些期望說『不』？」

　　我們列出期望和探索對失敗的回應後，我好奇Iris對此的看法和態度。當Iris有機會回應這些提問並表達立場，她整個人立刻像活了過來。我們從她的反應和分享裡發現到不少獨特結果。

4. 行動的基礎（Foundations of action）

第四部分探索Iris「逃離」的基礎。例如：

「為了『逃離』，你做過些什麼準備？或者你曾經做過些什麼，才可以讓今日的Iris跟我說『其實我想讀心理學和考水電牌』？」

「在你寫信申請轉班的過程裡有遇到困難嗎？你是如何做到的？」

5. 道德基線（Ethical substance）

第五部分是探索「垃圾」相關的期望所觸及的底線或基礎，以致Iris決定要採取「逃離」。例如：

「說到這裡，你認為什麼是重要的？什麼是你決定作出『逃離』的基礎？」

「要逃離壓力的源頭，是因為什麼底線被觸及了？」

這類型的探索協助我和Iris的目光從「行動」慢慢地挪移到意義層面。在常規化判斷下，人們常常追趕著習以為常的期望，當我們稍微拒絕這些期望，心裡才能騰出空間，好奇自己所重視的。

6. 主體化模式（Mode of subjectification）

第六部分探索Iris「開心」背後的價值和原則。例如：

「這些故事片段，代表你真正重視的其實是什麼？或者有什麼價值信念是你很重視的？」

「你說補習老師竟然會跟你分享生活點滴，這讓你開心，為什麼？這代表什麼對你是最重要的？」

除了上文提及的「在舒適的環境下愉快學習」，Iris又分享關於她對「有人生經歷」的重視。從她的分享，愈來愈能看到她的個人能動性（personal agency）了！

7. 磨練自己（Asceticism）

第七部分探索出於Iris為了更貼近「在舒適的環境下愉快學習」和「有人生經歷」而採取的行動，或對生活和身分的影響。例如：

「你會做些什麼，讓你跟『在舒適的環境下愉快學習』愈走愈近？」

「你一邊說著許多關於『有人生經歷』的故事，你一邊在笑著。這些笑容代表什麼？你覺得如何？」

人們為了貼近渴望而做的行動容易被忽視，需要我們運用好奇心去探索、發現。這讓我想到美國歌手傑森・瑪耶茲（Jason Mraz）的歌曲《Look For The Good》中的一句歌詞：

If there's a silver lining
You still have to find it, find it, find it

　　對我來說，做敘事對話就像從眾多問題故事裡，找到並抓緊那「一線希望」（silver lining），然後加以探索發掘。

8. 終極目標（Telos）

　　第八部分是探索Iris對生活的希望與夢想。例如：

　　「說到這裡，有什麼關於生命的希望或夢想浮現？」

青年迴響

青年Lincoln對Iris故事的迴響

　　前邊講述關於讀不到大學不一定等於失敗，反而有些地方，例如「黐線」及「勁」的地方也可能是成功的地方！突然間讓我好觸動，我發現，可能我自己也有一些地方是被主流價值觀影響著的，使我覺得某一些事情是「成功的標準」，而如果我做不到就是失敗。

讀到Iris的故事的時候，給我一種一隻兔子面對著獅子咆哮，依然堅守信念的感覺。有時望著這個社會的主流想法，它們彷彿在控訴我們這樣做得不好、那樣做得不好。Iris給我的感覺是其實她在用自己的方法回應著這些主流論述，她是一個反抗者／創新者的角色。

我自己也有玩不同的活動。我想：我讀社工科或者參與的活動，常常都會提倡非批判的視角，那麼我有沒有在不知不覺之間戴上主流的眼鏡去批判自己呢？究竟如何在盡力與自我批判之間找到一個平衡呢？我問自己這個問題。

青年Ada對Iris故事的迴響

我覺得最觸動我的是Iris講到同學會笑她，而她跟著同學笑自己。

我感覺到Iris好難堪、好無奈，一定十分不好受。我中學時向人透露過我想讀社工，但因為我當時的情緒狀態並不太穩定，所以旁人都用嗤笑的態度回應我，認為我不可能做到。我自己也跟著笑，而那種笑的背後其實是極不開心的，因為一來我不同意他們說的話，二來當下我更要裝作同意那些貶低自己的話。

當我漸漸長大，我盡可能防衛，因為好多人心地真的不好，要保護好自己，不要總是被挑戰底線。

當我聽到Iris的故事時，我會想像的畫面是她在一個漩渦當中。漩渦好用力想拉她進去，而她同時好用力想離開這個漩渦、走出自己的路。但當她想走自己的路時，她又覺得有些迷惘、不確定自己是否可以繼續走下去。漩渦就似一些約定俗成的社會規範，例如每人都說「一定要讀大學」，但Iris見到其他的可能性，不一定要讀到大學才可以做到「成功」。但是，Iris又有些迷惘，不肯定自己的想法是否可行。我自己覺得她的文字之間似乎在用力地說服自己或者別人。我覺得其實Iris很想「成功」，包括成為一位「可以在舒適位子做喜歡的事」的人、可以與環境對抗且仍然堅持做自己的人、大學可以選擇自己喜愛科系的人。

　　Iris的故事勾起我一些曾遇過的類似經歷，令我深感共鳴。我知道當中的感覺並不好受。這反映著我自己也很在意別人的回應和想法，尤其當別人否定自己的時候，我就會大受刺激。另外一種角度是，當我讀社工的想法被狠狠地拒絕的時候，我感到好低落。還有一個發現是，我期望其他人能夠支持我，或者評價我的時候，盡量先以探索的態度，並且能夠讓我表達自己的感覺，而不要批判我。

　　有時我自己未能細膩地表達，但實際內心裡面正發生好多事情。回想起這件事，如果我可以早些表達，我可能可以早些阻止不愉快的相處。我也會想，如果我能夠更清楚自己的內在狀態，我就可以盡早說出，讓自己在人際關係中更加舒服一點。最後，我想要練習用一種平和、別人能接受的方式表達感

受，使其他人不至於難堪，同時又能讓其他人明白我的狀態。

總結

電影《年少日記》在香港上映後收到重大迴響。電影講述主角的哥哥自小無法達到主流標準，加上眾多的家庭和成長片段，讓他最終在十歲時用自殺結束生命。「鄭有傑你個垃圾！應承我，畀心機（用心）讀書！第時（未來）讀香港大學，好唔好？好！」這是電影的第一句對白。無獨有偶，「垃圾」是主角的哥哥被問題充斥的自我認同。真的，當時我一聽到這句對白，眼淚已狂飆出來。

我從事青年工作是源於自己對青年的熱愛。也許Iris的老師、朋友和家長都跟我一樣，出於對她的愛，所以渴望見到她成功的樣子。Iris的故事令我不禁想，什麼是我期望青年呈現的樣子？什麼樣的表現是我樂於在青年身上看見的？我有沒有以愛之名，參與將「成功」的單一標準強加在青年身上呢？

每四年一屆的世界盃於2022年12月在卡塔爾落幕，阿根廷人美斯（Lionel Messi）在一片「球王」呼聲下高舉「大力神盃」。我隨即想起多年前在網上流傳，名為《如果美斯是在香港出生，我想他的日記會是這樣的》的文章，既幽默風趣，又活生生地道出香港對「成功」的標準如何把主流以外的故事片段邊緣化。文章裡，美斯的足球天賦最初被盛讚，但隨著他成長，因為踢足球「無用」，所以他被逼要漸漸放下足球，把時

間放在學習，以及發展對升學有幫助的興趣。最令我感到惋惜的，是他「希望當朗拿度（巴西足球名人）」的希望都被家人隨便否定了，只叫他將來要做醫生或律師。最後他直接把足球忘掉了。

這篇網絡文章和Iris的故事讓我想到，如果成功的標準只能有一種，生活會變得多麼枯燥乏味。我們在充滿著「比較」的環境下成長和生活，於是變得總有辦法去評價優劣和好壞，然後把標準以下、次等的部分排斥和忽略。青年其實是充滿「可能性」的。如果硬要把他們變成我們喜歡的樣子，又或只懂得固執地用單一的評價角度觀看他們，我們一定無法看見他們閃閃發光的地方。

最後，Iris想公開地對讀者說：「覺得自己有能力，又願意堅持，就跟隨自己本心去做想做的事。人生是你的，要怎樣走由你決定，而不是社會。」她也想與讀者分享她很喜歡的一首歌：

《凡星》

——陳蕾

做什麼都不被看好
自問資質不算高
但亦有自己相信的事 仍想去做
那個可以給我 什麼法寶
能一朝得志 免受煎熬

我也很想可被看到
用盡努力但求 要你替我感到驕傲
可在親友面前提到
亦不會像從前那般吞吐
曾經想過活著到底為什麼
平凡人那麼多 多了我這麼一個
然而是說再見沒有勇氣
或是我暗裡卻拼命相信
誰都可發光 只要找對地方
誰人都可發光 若我熱情依然未降
成敗與否看我是怎麼看 從來沒標準答案
不要活埋在世俗眼光
重拾自信讓我做我的主角
我也很想可被看到
用盡努力但求 要你替我感到驕傲
可在親友面前提到
亦不會像從前那般吞吐 Woo
曾經想過活著到底為什麼
平凡人那麼多 多了我這麼一個
然而是說再見沒有勇氣
或是我暗裡卻拼命相信 Woo
誰都可發光 只要找對地方
誰人都可發光 若我熱情依然未降
成敗與否看我是怎麼看 從來沒標準答案
不要活埋在世俗眼光

重拾自信讓我做我的主角

誰都可發光 只要找對地方

誰人都可發光 像星火隨空氣繪畫曙光

管他怎麼看 人生只得一次為自己瘋狂

假使相信就拼命去闖 泥濘路笑著走過

平凡像我亦可 做我的主角

參考文獻

麥克・懷特（2013）。**敘事治療的工作地圖**（黃孟嬌譯）。頁12。心靈工坊。

黃錦敦（2015）。**生命，才是最值得去的地方：敘事治療與旅行的相遇**。心靈工坊。

麥克・懷特及大衛・艾普斯頓（2018）。**故事・知識・權力：敘事治療的力量**（廖世德譯）。心靈工坊。

黃素菲（2018）。**敘事治療的精神與實踐**。心靈工坊。

White, M. (2002). Addressing personal failure. *International Journal of Narrative Therapy and Community Work*, (No.3), 35-45.

第四章　敘事在青年人自殘／自殺議題上的實踐

翟曉輝

「你不會怕吧？」

在夏末秋初的下午，阿文穿著白色長袖T恤、藍色牛仔褲走進心理治療室，南方的夏天尾巴拖得有點長，阿文剛坐下就叫著「好熱」，開了空調，好像一下子也難以冷卻空氣中彌漫的燥熱。「要不，你試著把袖子挽起來？這樣涼快點。」阿文聽到我的建議後，看了我一眼，遲疑著問：「你不會怕吧？」挽起袖子的手臂上露出一道道深深淺淺的傷痕，有些剛剛結痂還泛著紅。

自殘／自殺行為在與青年人的工作中並不少見，已經有很多著作及文獻專門討論自殘／自殺傾向及行為的心理治療。作為在臨床心理專科門診工作的敘事實踐者，本章將從敘事視角，分享與兩位青年人的工作經歷，在此特別感謝工作中相遇的青年人，他們每個人都貢獻了自己的智慧。回顧近兩年（2021年1月至2022年12月）的資料，一共與110位青年人（25歲以下）進行工作，出現自殘行為的最小年齡為8歲；其中43

位青年人曾發生過自殘行為，49位青年人曾有過自殺想法，15位青年人嘗試過自殺行為，此資料僅代表個人工作情況，有一定的特異性。首先臨床心理門診與一般心理諮詢機構有所不同，設有精神科醫生看診，我的工作大部分與醫生進行聯合工作；其次社會大環境受新冠疫情影響，長時間居家學習或居家工作帶來特殊的挑戰，很多青年人前期嘗試了多種方法應對遇到的問題，最後才選擇到心理門診尋求幫助。

自殘／自殺行為在說什麼？

尋求關注；呼救信號；矯情；脆弱的表現；弱者的選擇；緩解心理痛苦；釋放壓力；體驗活著的感覺；不負責任；逃避；活著沒有用，沒有意義，沒有價值……這些聲音可能是由青年人發出，也可能是身邊人的解讀，經由各種媒體傳播而被大家熟悉，聽聽在心理治療室裡青年人的聲音：

每天起床都要告訴自己努力活下去；自殘（掐自己手臂）是幫助我保持清醒，不陷入自殺的想法中，自殺想法就像「黑色幽靈」一樣不停說著：活著沒有意義，你是一個沒用的人，什麼都做不好……

「痛」可以讓我回到現實，從自殺想法中走出來，感覺「自殘」就像鎮靜劑，有時也會擔心上癮。

自殘對我來說只是想刺激大腦，希望從自殺想法裡掙脫。

不知道怎麼處理這件事，沒有情緒的發洩口，所以只能傷害自己。

感覺自己麻木到需要割自己的手來獲得快感，在割的時候，還有看到血流出來時，很刺激，喜歡這種感覺。

喜歡刺痛的感覺，痛著痛著就不會想那麼多不好的事情。

痛可以讓我不去想不好的事情，再痛也不會死。

喜歡疼，疼可以讓我有活著的感覺，常常有一種「世界不是真實的」感覺。

自殘對我來說是一種釋放，很舒服，很踏實。

不痛一下，不知道自己還有感知疼痛的能力。

難受時更想自殘，痛可以把「混亂」蓋過去，但「混亂」不會消失，自殘成了解壓的一種方式。

不想自殘，因為要遮掩傷口，太麻煩了，如果要死會選擇乾脆一點的辦法。

活著好麻煩。

我不想死，也不想這樣活著，沒有中間狀態。

我不厭世，這個世界還是挺好的，只是自己不好了。

為什麼活在這個世界？是不是不太適合活在這個世界？

……

這些聲音在說什麼？問題故事還是困在問題裡的青年人奮力掙扎的故事？在第一章已經了解青年人遇上的問題並不是青年人的問題，可能違反了社會的主流論述、標準規範等。作為敘事實踐者不僅要聽到問題故事如何被建構，也要聽到問題故事以外的故事，不想這樣活著，是想怎樣活著？「這樣活著」給來訪者帶來了什麼影響？「這樣」指的是「哪樣」？什麼是「有用」？「好」的標準是什麼？什麼樣才是「適合」？

如果「自殘／自殺」是矯情、脆弱的表現、弱者的選擇、不負責任、逃避，我們可以看到什麼樣的故事？基於這樣的故事我們會看到什麼樣的青年人？如果是保持清醒、回到現實、體驗活著的感覺、質疑要不要「這樣活著」、思考什麼是「適合」，又能看到什麼樣的故事，看到什麼樣的青年人？如何看待青年人帶來的故事，如何透過「自殘／自殺」去看到青年人背後的盼望，如何讓故事發生聯結，進而聯結生命？很感謝阿文和小欣願意分享他們的故事，陪伴他們的過程也給我帶來很多反思，讓我的生命有所不同。

阿文的故事

　　初見阿文時他剛滿16歲，職業高中高一學生，在學校多次自殘（美工刀在手臂上劃出很多傷痕），曾想嘗試跳樓自殺。小時候的阿文是一個調皮的孩子，小學剛開始成績不錯，慢慢到了高年級，上課容易走神，喜歡玩電子遊戲，父母管不住時會打罵阿文，砸了兩部iPad。中考阿文沒有考上普通高中，只能選擇讀職業高中，阿文選擇了遊戲與動漫專業，父母認為讀職高是學業上的一個失敗，讀不了普通高中就很難進入大學，以後也找不到好工作，阿文認為自己讓父母失望了。進入職高後阿文發現自己比較難融入新的環境，專業所教的內容與自己期待的不一樣，同學們彷彿都有各自的圈子，阿文常常一個人在人少的走廊裡徘徊。一些同學認為阿文很怪，總是一個人，父母認為阿文不夠自信，不敢與同學交往。「成績不好」、「不夠自信」、「沒有朋友」讓阿文認為自己是個有問題的

人，難過的時候阿文會抓手臂的皮膚，後來傷口感染發癢，阿文便開始用刀割傷皮膚。自殘的「痛」可以止癢，也可以讓阿文不去想之前的傷心事（成績不好、被同學冷落、被父母責怪等），有時阿文也因此更加認為自己沒用，只會用割傷自己的方式緩解痛苦。

「成績不好」、「學業失敗」、「不夠自信」、「沒有朋友」、「自殘」、「沒用」往往是最初帶進治療室的故事，基於這樣的故事，來訪者常常認為自己就是「沒用」的人、「失敗」的人、「自殘」的人，形成對個人身分認同的單薄結論（thin conclusions）（麥克·懷特，2018，頁217）。在敘事治療中運用外化對話去解構問題故事，看到問題故事如何被建構，以及對人產生的影響，邀請來訪者對這些影響進行評估，在這樣的過程中去思考關於身分認同的建立。當現在的身分認同失去原本建立起的真實狀態，也失去了原本擁有的力量與作用，一個不再認同自己有問題的人，可以拉開與問題的距離，將有更多空間去思考與問題的關係。

我是個自殘的人？
解構式問話：人與問題分開

在與阿文的一次對話裡，他提到同學可能不願意和他交朋友，因為他是一個自殘的人。以下是與阿文的對話節選：

阿文：對了，說到同學，其實還有一些同學不太看重我，或者

說不太想跟我保持友誼，主要是為什麼呢？因為我之前有自殘傾向，誰都不願意和一個自殘的人交朋友呀。

翟：你剛剛說的是「自殘的人」，對嗎？在這之前，你提到的是有自殘的那種傾向，你認為你是一個自殘的人，還是在某一個階段你用過自殘這種方法？（解構問話，「自殘傾向」還是「自殘的人」，同時讓阿文選擇，尊重阿文的主動性）

阿文：某一個階段。

翟：你只是在某一個階段用過這種方式。你是一個人，這個人有冬眠（之前對抑鬱期的隱喻）過，還跟黑影（阿文給抑鬱的命名）交過招，對吧？還經歷過很多的事情，自殘只是在某一個階段你遇到過它，你認為你跟自殘是一個什麼樣的關係？（外化）

阿文：這個我還真沒有想過。

翟：現在是否可以試著想想，你認為跟它是什麼關係？（「是否」「試著」，邀請阿文思考自己與「自殘」的關係）

阿文：什麼關係呢？

翟：你說忘記那個幽默的本領、幽默的能力，有時候我會說「阿文，你有幽默的那一部分」，你是個幽默的人，對嗎？但你同意我說你是個自殘的人嗎？
阿文搖頭。

翟：搖頭代表什麼意思？

阿文：不同意。

翟：不同意，因為你可以選擇你是一個什麼樣的人，是這樣

子對嗎？

阿文點頭。

翟：自殘只是某個階段出現過，它在你的生命中會是一個什麼樣的一個行為，或者是什麼樣的一個角色？（外化）

阿文：就是異於常人，我是這麼覺得。（阿文第一次提到「異於常人」，這裡的「於」是相比或者比較的意思，異於常人，大概是指與常人相比不一樣）

翟：什麼是異於常人？

阿文：異於常人，就是和普通人不同，有異樣的那種。

翟：有異樣的，它給你帶來什麼樣的影響？（評估問題故事的影響）

阿文：首先我能想到就是負面的影響。

翟：還有嗎？

阿文：好像也沒考慮那麼多。

翟：它跟黑影有什麼關係？有關係嗎？（外化）

阿文：它跟黑影我覺得都是一樣的，算是吸附在我身上的一種不正常的狀態。

翟：它們只是那個階段，對嗎？（解構）

阿文點頭。

翟：它們來過，存在過，我不知道你現在想跟它們保持一個什麼樣的距離？

阿文：什麼樣的距離？合適的距離。

翟：怎麼才是合適的距離？

阿文：靠得太近，它們會對我不好，會傷人；但是靠的太遠的話，又感覺錯過或者失去了一個，算是很要好的知心朋

友。（阿文已經開始用「外化」的語言）

翟：誰是你的知心朋友？

阿文：黑影。我並不認為它是我的一個對手或者是敵人之類
　　　的，反倒認為它是我的朋友，只不過它是一個不能讓我
　　　太接近的朋友。

翟：這個朋友對你來說意味著什麼？（探索意義，意義景觀
　　的問話）

阿文：我為什麼把它叫做朋友？因為在別人看來它是壞的、不
　　　好的、負面的，那我為什麼叫它朋友？畢竟它是發生在
　　　我身上的，在這段時間讓我學會了很多道理，這是一個
　　　原因，讓我靠自己的能力寫出這麼多的內容（阿文畢業
　　　設計的創意就來自他自己的真實故事，一個男孩與「黑
　　　影」的故事，阿文以此為主題製作了一部動畫短片），
　　　能表達我所要表達的東西，能給我異於常人的那個能力
　　　吧。（阿文再次提到「異於常人」）

　　透過解構式問話，阿文發現「自殘」只在某些階段出現，
不同意自己是個「自殘的人」，可以選擇與「自殘」及「黑
影」保持一個合適的距離，也可以選擇和「黑影」做朋友而不
是敵人（只不過是一個不能太接近的朋友）。邀請人從不同的
觀點來看自己的故事，注意自己是如何被建構的（或是注意自
己被建構的事實），注意自己的限制，這種過程還有另一個名
稱就是「打開包裝」（unpacking）。當人開始了解自己活出
來的敘事是如何被建構時，就會看到這些敘事並不是必然的，
它們並不代表必要的真理，只是一種建構，而且可以用不同的

方式來建構（吉兒・佛瑞德門／金恩・康姆斯，2000，頁102）。

隨著對話的進行，阿文開啟了其它可能的敘事，關於知識及能力的故事，同時發展偏好的身分認同。另外有意思的是對話中阿文提到兩次「異於常人」，第一次他認為是與普通人不同，異樣的，會帶來負面的影響，慢慢地阿文又發現自己有「異於常人」的能力，新的故事就在對話裡發生了。

我想成為什麼樣的人？
豐厚故事，發展偏好的身分認同

新故事開啟前，對話的焦點主要放在解構問題故事，就像前面與阿文一起去解構「自殘的人」。當確定新故事是來訪者較喜歡的故事，對話將聚焦在豐厚新故事，敘事治療師「像小說家或電影劇作家來思考」（吉兒・佛瑞德門／金恩・康姆斯，2000，頁149），通過描述細節讓新故事生動起來，也可以從他人不同的眼光來看，讓來訪者對相同的事件有更多的體驗。重寫對話也能對來訪者的生活與人際關係進行豐厚的敘述（thick or rich description）（麥克・懷特，2018，頁219），在重寫對話中，來訪者踏入了自己身分認同的其他經驗，以下對話從不同角度豐厚阿文的「變化」，進而探索阿文偏好的身分認同。

阿文：她（學校心理老師）說「阿文你等一下，你最近狀態恢
　　　復都還挺好的？」，我說可以。她說「藥物方面有什麼

變化嗎？」，然後我說早上的藥停掉了，已經徹底停了，晚上的藥也逐漸開始減量了。她說「那挺好的，你已經逐漸回到也不能說是以前的狀態了，而是到了一個新的階段」，然後她說「你現在還為以前的事情擔憂嗎？比如說之前那個女生」，我說這件事情我已經很少想起來了。她說太好了，然後給我一個「give me five」，就是擊掌。

翟：之前學校的心理老師？你見她應該比見我還要早一點，對嗎？

阿文：對。

翟：我在這裡看到你一點一點的變化，然後我猜她也看到你有些什麼變化呢？當然你剛剛講了這一部分，她問你藥物的事情，問你之前的事情還有影響嗎等等；從你第一次見她到你剛剛提的那一次，她看到了什麼變化？從她的眼睛裡，她看到了你的什麼變化？你認為她看到了哪些變化？（重組會員問話，詳見本書第八章，邀請阿文從他人的眼中看自己的變化）

阿文：首先就是表情方面的。

翟：表情有什麼變化？（關於細節的提問讓故事更生動）

阿文：眼睛不會像以前那……就瞳孔比以前還要大一點，眼神方面的……

翟：眼神變得怎麼了？（進一步關於細節的問話）

阿文：變得比較有光了。

翟：嗯，眼神變得有光了。

阿文：然後我跟她講話，語言溝通方面也是有變化的。

翟：有什麼變化？

阿文：講話的時候不會緊張。

　翟：那會是什麼樣子？

阿文：比較自然了，然後回話也比較有力，就講話方面還會適
　　　當開玩笑之類的。

　翟：還有呢？

阿文：不會因為一些事情天天去找她，去學校心理諮詢室的頻
　　　率逐漸減少，然後好像就這些了。對了，跟她的互動也
　　　變多了，之前我情緒不好的時候，她說讓我擊個掌，我
　　　都很不情願，有時候表面上同意了，實際上心裡也很難
　　　受，比較複雜，就這些。

　翟：她能看到這些變化嗎？
　　　阿文點頭。

　翟：你的爸爸媽媽看到了什麼？他們看到什麼變化了嗎？
　　　（邀請更多的人從不同視角繼續豐厚「變化」的故事）

阿文：對於現在的我來說，他們在我身上看不到刀具之類的
　　　（自殘時用的刀具），這個算是很大的變化了，因為以
　　　前我都隨身攜帶的。

　翟：他們看不到刀具了，對嗎？

阿文：對。

　翟：他們可以看到的是什麼？哦，你把刀具藏起來了？

阿文：沒有，沒有。

　翟：最後一句我是開玩笑的。

阿文：你突然嚴肅一下，把我嚇到了。

　翟：我想學你的幽默，學得不大像。他們看到的是什麼？

阿文：首先也是情緒方面，以前我總是因為一點事情就哭嘛，就很沮喪的那種，然後現在我會多跟他們交流了，以前總是悶悶不樂，很少說話，雖然我現在也不是很想去運動，他們總是叫我多出去走走之類的。

翟：所以他們可以看到你願意更多地跟他們交流了，對嗎？那個「哭」、「沮喪」會少了一些，還看到什麼了？（外化）

阿文：飯量，以前吃得比較少，現在雖然吃得不多，但是不會像以前那麼少，以前我有時候要麼少吃或不吃，現在多少也吃一些。

翟：飯量增加了。看到那個「交流」、「飯量」在增加，還看到了什麼？

阿文：平時也會和他們，包括像我們剛剛一樣開玩笑。

翟：向你學的，我好像也變得幽默一點了。

阿文：以前我都忘記那個，還有幽默的本領，現在記起來了。

翟：所以父母看到交流多了，飯量多了，開玩笑也更多了，看到你幽默的本領又回來了，是這樣子的嗎？
阿文點頭。

翟：你的同學們看到什麼了？（繼續豐厚「變化」的故事）

阿文：在同學眼裡，他們會覺得我比以往更善於交際了。

翟：他們看到什麼，認為你更善於交際了？

阿文：這個，也可以說是幽默的本領。畢竟在人際交往當中幽默肯定有一席之地，然後主要是我和他們的交流變多了；以往我都是一個人，要麼在別的地方待著，反正晚自習前半個小時，就是上課前半個小時他們都見不到我

（以前阿文經常一個人在陰暗的樓梯間待著）。

瞿：現在見到你更多了，交流變多了。

阿文：他們也能從我的臉上逐漸發現，我的笑容，也變多了。

　　從阿文與學校心理老師「give me five」的互動中，我們開始發展「變化」的故事，眼神變得比較有光，溝通更自然，回話比較有力，互動更多；接著從阿文爸爸媽媽的眼光，以及同學們的眼光進一步豐厚「變化」的故事。經阿文同意，我們一起寫了一封關於「變化」的信給阿文的班主任。在主流文化下心理治療容易變成秘密的事業，可是在敘事的次文化下，接受治療的人卻常常熱衷於讓別人知道過程。外化和去病化的做法，使來訪者對治療產生不同的經驗，當治療形成一種背景，讓人在其中組成較喜歡的自我身分認同時，他們就會覺得沒什麼好隱藏的，願意把許多東西呈現出來（吉兒・佛瑞德門／金恩・康姆斯，2000，頁337）。

　　阿文的班主任在學校曾給阿文很多支持，一個月前因為意外摔傷休假，我們想知道班主任休假回來看到的阿文是什麼樣子，驚喜的是下次治療時阿文帶來了班主任的回信。

曉輝老師：

　　收到您的信意外又驚喜，看到阿文對我的信任和喜愛我打心底高興。身為班主任，和他們相遇一起學習，一起成長，真是一種幸運。從接班開始我就對阿文印象深刻，他是一個細膩、健談的孩子，我很喜歡聽他和我講述點點滴滴。說心裡

話，我也心有內疚，因為從剛認識他時，開朗的他到後期出現種種抑鬱的表現，我有時也在想如果再早一點介入、再早一點引導，現在的他會不會就不那麼痛苦？

這次摔傷休假，我也提前和代理班主任、學校心理老師打好招呼，怕阿文有不適，但又無處尋求幫助。的確回來時我看到他臉上的笑容多了，聽聞他在宿舍裡也相處愉快；我想我永遠忘不了剛摔傷時他關切的眼神，以及那一句「別忍著，該休息就休息」。我們是師生，也是朋友，相互關心的朋友，我想說：朋友，不要急，夜不會太長。

張老師

2021年11月

在新故事裡阿文有幽默的本領，善於交際，班主任的回信讓我看到了阿文關切的眼神，接下來的治療對話可以從意義景觀繼續豐厚故事（吉兒‧佛瑞德門／金恩‧康姆斯，2000，頁208）。為什麼班主任忘不了阿文關切的眼神？這個關切的眼神對於班主任來說意味著什麼？當阿文表達關切時，表示阿文重視什麼？阿文希望與班主任成為「相互關心的朋友」嗎？為什麼？經過不斷的豐厚敘述，阿文新的身分認同慢慢建立起來，並在生活中及人際關係裡變得更鮮活。

原來我不是一個人——分享故事，連結生命

小欣在一次治療時帶來了一個粉色信封，裡面裝著手抄的

文案，這些文案曾給小欣帶來共鳴，也在失眠的夜晚陪過小欣。小欣問我是否可以把文案分享給其他來訪者，如果可以的話，她也想聽到其他人的一些想法。那次治療中我們借著文案談了一些小欣的故事，治療結束時小欣留下了信封，以下是部分摘錄文案：

> 我不想去上學了，因為我太困、太冷了。學校裡也沒有人喜歡我。
>
> ——奧爾罕・帕慕克，土耳其小說家

> 媽的，這些混蛋教授，不但不知道自己洩氣，還整天考試，不是你考，就是我考，考他娘的什麼東西。
>
> ——季羨林，《清華園日記》

> 我們死後就能抵達星辰之上，而離開人世不過就是踏上了走向星辰的路。
>
> ——《至愛梵古・星空之謎》

> 先別去死，再試著活一活看。
>
> ——史鐵生，《我與地壇》

> 掉落深井，我大聲呼喊，等待救援。天黑了，黯然低頭，才發現水面滿是閃爍的星光，我總是在最深的絕望裡，遇到美麗的驚喜。
>
> ——幾米，《我的心中每天開出一朵花》

如果覺得在那裡太辛苦就逃吧，逃不見得是壞事。如果自己清楚逃的意義，那就不是壞事。並不是只有戰鬥才了不起。

——角田光代，日本小說家

在與阿文的一次治療中我拿出了信封，詢問阿文是否對裡面的內容感興趣。阿文不僅有興趣，還藉著文案談起自己的一些故事，受「問題故事」影響時也不想去上學，再次回到學校體驗到父母對自己的接納，還有一些老師的支持。新的故事出現了，那是不同於「問題故事」的「例外故事」（麥克・懷特，2013，頁56），關於「接納」的故事，「支持」的故事。阿文還說其實他也有一本「喪系」日誌，有些是摘抄的文案，有些是自己有感而發的原創，下次治療時可以帶來。在阿文的「喪系」日誌裡看到了一位老師留下來的批註（一些肯定與鼓勵的話），透過討論阿文會給誰看這些文案，以及批註的意義，可以開始重組會員的旅程（詳見本書第八章），因篇幅有限，本章不再展開分享。

文案的分享讓我體驗到故事的流動，小欣與阿文是從來沒有相遇過的兩位青少年，某個意義上他們的故事相遇了，將阿文關於文案的共鳴帶給小欣，小欣發現原來有人也被同一個文案所觸動，孤單好像變少了，流動的故事帶來了生命的聯結，或許我們可以有更多的嘗試。

創作集體文件

　　華人傳統文化自古以來非常重視「榮辱與共」、「休戚相關」、「同舟共濟」，注重人與人之間互相依存的關係，世界各地的唐人街就是很好的例子。隨著西方文明及現代文明的影響，獨立、自力更生、分離與個體化，形成新的主流文化，青年人在這樣的影響下可能會產生「凡事要靠自己」的想法，治療中經常看到青年人在達不到一些社會標準時容易認為自己是失敗的、沒用的，「問題故事」不僅讓人形成單薄的身分認同，同時也讓人變得更孤立。把個人主義與社群中心主義聯繫起來，是敘事研究最有重大意義的領域之一（大衛・登伯勒，2015，頁178）。治療中的故事以及其他記錄，交織著個人和集體的「聲音」，以及個人與集體的努力，這些故事不僅代表了個體的經歷，也有社會文化的影響，那些與困境做鬥爭的人，可能為那些同樣在困境中掙扎的人做出有意義的貢獻，反過來，為他人做貢獻的經歷也能提升個人的動力。

　　小欣帶來的文案不僅打開了阿文的「例外故事」，也給其他來訪者帶來了共鳴，他們也開始分享對自己有啟發的文案，粉色信封很快就裝滿了，除了文案小欣還貢獻了很多……

小欣的故事

　　小欣在初三休學，曾有兩次過度服藥經歷（自殺未成功）；小欣表示自己不厭世，這個世界還是挺好的，只是自己

不好了。之前家人眼中的小欣懂事、優秀、省心，小學成績很好，參加多項活動表現優異，家裡有一大堆獎狀證書。初一因為骨折住院一段時間，功課落下一些，初二下學期受焦慮抑鬱影響，注意力很難集中，無法完成作業，不能達到小欣所認為的「優秀」，慢慢開始經常請假，然後休學。小欣感覺自己挺沒用的，對自己不滿意，認為自己一無是處，變成了廢物。同齡人都在忙，而自己每天都感到迷茫，白天不想起床，不想看到正常運轉的世界。晚上睡不著，看著通訊清單裡的好友，不知道可以給誰發訊息。有一天凌晨，小欣給自己寫了一封信，信裡寫到很害怕自己成不了別人眼中優秀的人，擔心自己成為家人的累贅，更怕真的成為他們的累贅，不想死，但也不想這樣活著……

在與小欣的早期治療中我們解構了「優秀」，談了「期待」帶來的影響，以及相關的主流論述，還了解到小欣重視的價值、與家人的關係；同時也陪伴她度過了兩次自殺危機、一次住院治療，以下是小欣出院不久的一次對話：

瞿：你說有很多活下去的理由，都是什麼？

小欣：當然有，比如說我社團的一個老師，他救過我兩次，他是唯一一個救過我兩次的人，也是第一時間出現的人。我不想再有第三次，再讓他們有第三次這樣的經歷，所以我想活著。然後包括我周圍的很多朋友，我哪怕再活一次，哪怕在最難的時候，哪怕我的生命已經停在14歲那個階段，然後孟婆問我喝不喝那碗湯（孟婆湯）的時

候，我會說我不喝。哪怕我知道重來一次還是會這樣，還是會讓自己很痛苦，哪怕真的走不出來了，一直停留在那一刻，我還是會願意重新走一次。用14年來重新認識他們，哪怕我已經知道結局是壞的，這個故事我也願意重新走一遍。

瞿：所以就是說你身邊還有很多朋友值得你活下去，能這樣說嗎？還是？

小欣：對，值得我接著活下去，「接著」不僅僅是為他們，也是為我可以繼續跟他們交往而活下去。

瞿：等一下，我要記下來，「為了可以跟他們交往而活下去」，還有嗎？

小欣：當然有，現在有很多活著的理由，哪怕之後可能會有死的理由，起碼現在的我覺得應該不太可能會有第三次的出現。

瞿：嗯，活下去的理由有老師、姐姐，然後身邊有很多朋友，那些朋友都是誰？

小欣：其實我的朋友很多，有網友，也有很多，我一個電話就能過來的朋友。他們每一個人不只是一個理由，他們做過的每一件令我認為值得的事情都是一個理由。

（略，討論小欣與朋友之間發生的故事，豐厚「值得」的故事）

瞿：好吧，朋友我就知道這些，老師就知道蠻多了，一個章老師，還有一個語文老師，還有社團的兩個老師，所以我至少知道，1、2、3、4，4個老師，還有更多的嗎？

小欣：有，老師的話我可以再說10個，真是可以再說10個，所

以他們每一個人不只是一個理由，他們每個人做過的每一個事情都是一個理由，所以說我有很多個理由。

翟：活下去的理由，是嗎？

小欣：對。

在這次對話的最後幾分鐘，我問小欣是否可以分享這些「活下去的理由」給其他來訪者，小欣爽快地同意了。接下來的故事發展是這樣子的，越來越多的來訪者在手冊上進行添加，還樂於放上自己寵物的名字。把曾經歷過相同掙扎的人的聲音彙集起來，並加以流傳，受到重視的是他們的聲音，而不是治療師的聲音。

活下去的理由：

已經自殺過兩次，不想再發生第三次；

一些老師，一些家人；

與朋友之間的交往；

貓（布丁、丸子、湯圓、麻球、麻薯、包包、12、崽崽等）；

鸚鵡（小肥、臭臭等）；

狗（寶莉、Lucky等）；

朋友為自己做的一些事情；

網友的約稿；

與網友見面；

找到自己的價值（長大了賺錢給奶奶用）；

吃喜歡的早餐（老麻抄手、KFC、鮮蝦腸粉等）；

買幾件喜歡的衣服；

抱著貓咪睡覺；

還在路上的快遞；

沒有通關的遊戲；

喜歡的綜藝節目；

做本章節的顧問；

……

自殘／自殺想法的替代方式：

自殺想法出現時，想到如果自己離開爸爸媽媽會很傷心；

收藏了一些孩子去世，父母很難過的視頻，當自己有自殺想法時看一下這些視頻會比較有用；

生日的願望是希望可以活到下一個生日；

自我安慰（「先活著」、「差不多行了吧」、「就到這裡吧」等）；

向朋友傾訴；

藥物治療及心理治療；

不關注結果，更多關注過程；

試著與黑影（抑鬱）和平相處，讓它贏了又怎樣，自己又不是輸不起；

偶像能讓自己放棄自殘的想法，有幾次想拿刀，但看到桌子上放著的偶像周邊，忍了下去；

看一些好玩好笑的段子；

儘量不去想；

想割手時就掐自己；

看書；

堅持一些興趣愛好（做手工、搭建高達模型等）；

向朋友求助；

論壇灌水；

跟同學一起玩牌，打遊戲；

完成每週的一點小任務（散步5分鐘、餵一次流浪貓等）；

……

分享在地知識及技巧（local knowledge and skills）：玫瑰？太陽花？四葉草？以自己的方式去綻放！

　　麥克・懷特曾提到在心理治療發展中極其重要的一件事就是：不再讓治療師的聲音佔據核心地位，治療核心將呈現來訪者累積的生命知識和生活技巧（麥克・懷特，2012，頁46）。這些知識和技巧在來訪者的日常生活中可能被忽略，尤其是當「自殘」及「自殺」出現在青年人的世界裡，這時家人把青年人帶到心理治療室，期待治療師可以告訴青年人應該做，如何停下「自殘」或「自殺」。阿文曾在一次治療結束時問我：「為什麼你們都寧願我去抽煙喝酒，而不是割自己？」後來我知道「你們」是阿文的父母，阿文認為我也和「你們」站在一起，認為「割自己」是不對的，可以選擇其他緩解痛苦的方式。這個「為什麼」讓我去思考治療師的位置、聲音，以及權力，如何才能讓青年人發聲，如何讓這些聲音得到傳播。多年的敘事實踐讓我發現青年人的慷慨，他們非常樂意分享自己的在地知識與技巧，樂意給處於相同掙扎的人帶來一些可能。當我提到一位青少年陷入「無能為力」中，快撐不下去了，想聽

聽小欣的想法，小欣大方地分享了「過來人」的經驗。

小欣：面對這種比較無能為力的事情，我可能會跟他講，再撐
一撐吧。雖然可能撐著很痛苦，但是如果你覺得現在已
經是最差了，那麼再差也差不到哪裡去，隨便蹦躂一下
說不定就稍微好一點。然後最好不要給自己一個什麼時
間設限，比如什麼活不到2022新年或者怎麼樣，因為到
了時間可能會有一種莫名其妙的壓力，就是會想是不是
應該把自己殺掉。

翟：可能那個時間好像在提醒著別人都有個新的開始？

小欣：不需要跟別人一樣，就像大家都說女孩子是花或者什
麼，可能大多數人都會長成什麼玫瑰，那無所謂呀，你
可以長成太陽花，可以長成四葉草，也可以長成各種
樹，無所謂，長得醜點也沒有關係。

翟：我們曾經討論過你對成績的看法，剛剛說你可以不一樣
了，有一段時間你認為成績就是非常重要，成績好就是
一個學生在學校很重要的一個目標，然後對於那位元青
少年，他同樣地……

小欣：他也覺得成績很重要？

翟：他說之前身邊人都告訴他要考個好成績，要考個好大
學，要有個好工作，他一直被這樣的聲音影響著，現在
他覺得那是理所當然的一件事情。

小欣：沒有什麼是理所當然的。

翟：小欣你知道你是在哪一刻發生改變的嗎？有一段時間你
也認為這是理所當然的。（回到小欣自己的故事）

小欣：哪一刻發生改變的？就是，也不能算改變吧，現在可能
　　　還是覺得成績重要，但是沒有那麼重要了。我覺得，其
　　　實成績它就只是一個未來的敲門磚，雖然它可能還挺重
　　　要的，但是你敲門也不一定要用磚呀，你可不可以把它
　　　砸開？然後現在很多職業都不怎麼看學歷，尤其是新媒
　　　體的行業……

　　　（略，討論小欣休學期間練書法的經歷，曾經有網友付
　　　費約稿）

　翟：小欣，你有沒有可以給我的建議？當我跟類似遇到這樣
　　　困難的青少年進行工作時，對我來說有什麼建議可以分
　　　享？你剛剛提的是跟那位青少年有共鳴的部分，有沒有
　　　什麼建議，我可以怎麼樣去做？

小欣：在他選學校的時候，建議他選一個目標沒有那麼明確的
　　　學校。

　翟：什麼意思？

小欣：就是那個學校的氛圍和管理都不是那麼的明確，它是一
　　　個偏鼓勵式的學校，剛進去先找一個平均成績不太好的
　　　班，這樣焦慮可能會減輕一點。因為我在這個學校沒有
　　　什麼明確的目標，到現在都沒有告訴我什麼時候考雅
　　　思，什麼時候要怎麼樣，慢慢來吧，成績不是能夠決定
　　　一切的東西。

　翟：你剛剛說的讓我印象特別深刻，每個人可以不一樣，不
　　　一定都是玫瑰花，可以太陽花、四葉草，甚至是各種各
　　　樣的樹。

小欣：愛當什麼當什麼，不當花都行；我是認為女孩子要多讀

書，這樣才可能在事情上有自己的觀點，但是讀書不一定是侷限在上學這一條路上。當然盡可能能上學就上學，因為這條路也許比較保險，但是不一定非是這條路，你知道有一個講相聲的地方叫「德雲社」嗎？聽過嗎？那裡最高學歷就是初中吧，但是每個人都很有文化，你知道吧？他們最高學歷只有初中，別人可能會覺得很奇怪，為什麼只有初中，但是好像什麼都懂？讀書它不是只侷限於上學，覺得讀書帶給我最大的道理就是人的觀念可以不一樣。我覺得在這麼糟的情況下就不要跟他講一些大道理了，盡可能去共情他，也不要拿過來人的經歷給他壓力，要知道他現在肯定很不容易。

翟：不要拿過來人的經歷給他壓力，對我來說滿大的提醒。

小欣：「過來人」可能經歷相似，但又能相似到哪裡去呢？每個人的經歷都不一樣，其實在面對「過來人」的時候是會有壓力的，「為什麼她好了我沒有好」，有這種很奇怪的壓力。因為我就希望他，這話說可能有點無情：但我覺得你再撐一撐，你看看這個世界還能壞到什麼地步，然後等你見識夠了再走（自殺），是吧？這樣你去天堂跟別人聊天的時候都不會缺少素材，再撐一撐，如果你真的覺得現在已經不能再壞了，那說明你已經掉不下去了，剩下再怎麼蹦躂都是往上走的。

與小欣的對話真的給我帶來很多提醒，「過來人」的知識，還有治療師所謂的「專家知識」，如何佔據治療空間，甚至有沒有擠壓來訪者的空間？在主流論述中治療師的話其實享

有特權，如果把我們的信念強加給前來接受治療的人，將會重蹈主流文化的覆轍，以享有特權的知識和做法影響臣服其下的人（吉兒・佛瑞德門／金恩・康姆斯，2000，頁103）。

不幸的是我曾經這麼做過，當時小欣有明確的自殺計畫，自殺前的任務清單已經完成，前來治療的路上遇到了應激事件（地鐵上一位陌生人看到小欣穿著中學校服，就問小欣為什麼不去上學，不好好學習將來要上職業高中，並且會辜負父母的期待，這讓「活著沒用」、「變成累贅」的聲音再次出現），小欣在治療中情緒非常崩潰。同時我也了解到，兩天前她已經因過度服藥去醫院急救過，根據門診的自殺風險評估，小欣處於自殺高風險，我建議她儘快安排住院治療，不能單獨離開（當時她一個人前來治療），同時打電話讓小欣家人前來陪同，小欣不同意住院治療，執意要一個人離開。

最後的結果是小欣當晚就去住院了，但一種隱隱的不安卻伴隨我很久，直到我們有機會去回顧那次治療。作為本章節的顧問，以下對話是小欣選擇保留的對話，她希望讓更多人聽到當事人的聲音。

翟：你說的一句話我到現在還記得，你說你們都讓我活著，
　　但我只想開心。
小欣：為什麼聽到這句話我想哭呢？確實是這樣的，唉呀，我
　　　的媽呀。（有點哽咽）
翟：你剛剛在說「健康第一，快樂第二」的時候，我想起你

那時說的話:「你們都要我活著,但我就要開心,我已經這麼難了,然後再被關在醫院裡面,連喝杯奶茶機會都沒有!」你還記得嗎?

小欣:我記得,我記得,到現在我可能都會想哭,因為那時候是真的很難,真的非常難,是真的很難,所以說就是,那時候我真的很難。

瞿:所以其實那件事情(強烈建議小欣住院治療)也讓我在質疑,我為什麼要你活著?為什麼我不去尊重你重視的東西?你要的就是開心。

小欣:當然,但是可能到現在我都覺得說送去醫院,其實如果你去一個好的醫院、正規的醫院,會讓你慢慢地不想死。當你那個時候,你不想死的時候,說明你可能已經開心了。所以如果說有人抗拒去醫院的話,我覺得建議他可以試一試。我的轉捩點就是在那裡開始的,回來之後狀態好了很多,真的不是一點半點多。你可以選擇一個不把你拘禁在那裡的醫院,你什麼時候想出去就可以出去的醫院;我真的不建議關著,說真的到現在我對精神病院的看法,如果你沒有找到一個好的醫院,那可能就不是救你,而是在毀你。因為大家對精神疾病的認知真的很淺薄,說實話,所以說你去住院,你首先要有足夠尊重、足夠愛你的父母,你才敢去住院。對,是這樣的。反正就是一個挺矛盾的事情,住院確實讓我好了很多,但是我從別的地方看,我也覺得不是每個人住進醫院他就會變好的,他可能會變壞,所以說住院永遠是你排在最後一個的選擇,是你排在最後一個的選擇。如果

能夠自己稍微變好一點，還是不住院的好。

翟：但那也是一個選擇，對嗎？

小欣：當然也是一個選擇，但是你不知道這個選擇下來之後，你會變好還是變壞，已經壞到極點了還再變壞，應該就繃不住了，所以這是一個挺重要的選擇。所以說到住院，我不希望有孩子被逼去住院，哪怕到今天，我也覺得當時你的做法不算正確。說真的，因為當時你逼我之後，我就會想，為什麼就沒有人跟我站在一起呢？（小欣哭了）大概是這樣一種想法，我覺得如果非要讓那個孩子去住院的話，給他進行一些長期的心理建設，給他講一些醫院裡的人到底是怎樣生活，讓他去了解，因為說真的其實大家都不了解的，住進精神病院聽起來就是一個挺恐怖的事情。所以說如果讓一個孩子去住院，首先要給他進行非常長期的心理建設，要不然他住進去了也不會有什麼樣的好處。

翟：這件事情已經過去挺久了，我還是想說抱歉。

小欣：我沒有覺得有什麼可抱歉的，到現在都認為那是對我很重要的、對我後面影響也很好的一個決定。但是只能說方式吧，如果一個孩子真的不想去住院，你可以給他做心理建設，但你不能逼著他進去，因為這對他來講也是一種莫大的傷害，說真的。所以說如果下次見到像我當時那樣的孩子，可以換種方式，非到萬不得已還是不要這樣，太狠了，太狠了。我還是覺得其實這個病（抑鬱）有人能跟你感同身受，比較重要。所以說當時感覺沒有人跟我站在一起，我很崩潰，我覺得可能……可能

需要一個無條件，就是沒有任何條件會站在你這邊的人，這樣才可能會慢慢好起來。我不否認這是一個很好的決定，但是如果這個孩子真的到了最後也不想住院的話，如果我是他的父母，或者我是他的治療師，我可能就不會讓他去住院了。如果不想去住院的話，其實有滿多種方法替代的，不一定就非要去住院。當然住院肯定有它的好處，哪怕對於我而言這是一個很好的決定，我到現在也不認為當時一定非要去住院（在我那麼不情願的情況下），所以我希望你下一次遇到這種情況可以換種方式，你會嗎？會嗎？會換種方式嗎？

治療中的反思：倫理與困境VS新的可能

「抱歉」並沒有讓我的不安減少，面對小欣的「你會嗎？會嗎？會換種方式嗎？」，直到現在我都沒有確定的答案。不管從專業還是倫理，治療中我在做「正確」的事情（建議住院治療）。中國的心理諮詢師／心理治療師需要遵守《中華人民共和國憲法》、《中華人民共和國精神衛生法》和《中國心理學會臨床與諮詢心理學工作倫理守則（第二版）》。《倫理守則》的總則用5個詞來進行總括：「善行、責任、誠信、公正和尊重」。其中關於尊重的解釋是：心理諮詢師／心理治療師需要在諮詢中，保護並尊重來訪者的隱私權，並強調諮詢的保密性，同時也要強調保密例外（當來訪者違背法律時；傷害自己或他人時；有自殺危機時；這三種情況需要有限制的突破保密原則）。還有一條是諮詢師在諮詢中做到不干預來訪者對重

要事件的自我決定的權利，尊重來訪者決定。

基於「尊重」的保密例外以及倫理中的「善行」，我建議小欣住院治療，為什麼還會感到「不安」？

當我不斷嘗試與「不安」對話，我彷彿聽到它在問：在專業倫理的要求下，小欣的聲音是變大了還是變小了？治療師在中心位置，還是小欣在中心位置？專業倫理是否代替了個人倫理？當依賴這種規則規範，由上往下的責任系統，如何「涵蓋邊緣」？邊緣者的聲音有機會被聽見，被了解，被回應嗎？（吉兒・佛瑞德門／金恩・康姆斯，2000，頁372）回應這些問話讓我有機會去反思自己重視的個人倫理，對我而言，個人倫理意味著保持尊重、好奇；把自己放在「不知道的位置」，堅持透明化原則，與來訪者一起探索更多的可能性。

如果給予個人倫理更多空間，那次與小欣的對話會不會不一樣？或許我可以聽到「喝杯奶茶」對她來說意味著什麼，一起用「通過儀式」（詳見本書第六章）的隱喻去討論住院治療的意義，住院可能變成一個過渡或中間階段，在這個空間小欣可以思考想脫離哪些位置，怎麼樣的生活狀況更適合她。正如小欣所說「住院治療可以排在最後」，在CAMS（自殺的合作式評估與管理，Collaborative Assessment and Management of Suicidality）導向的照護中，住院治療是最後選擇，治療師將努力與來訪者一起制訂關於自殺的門診治療計畫，從要求來訪者簽訂《不自殺承諾》轉為一起制訂《安全計畫》（大衛・

A・約伯斯，2020，頁60），在「自殺」議題上治療師也從傳統的「指導者」變成現在的「合作者」，去聽來訪者關於自殺的故事，並進行解構，在治療中重構其他應對方式。

　　與阿文和小欣的心理治療工作已經結束一段時間了，但他們的故事有一部分留在了治療室裡，與其他來訪者的生命故事相互交匯著、影響著……

參考文獻

吉兒・佛瑞德門／金恩・康姆斯（2000）。**敘事治療——解構並重寫生命的故事**（易之新譯）。張老師文化。

麥克・懷特（2012）。**敘事治療的工作地圖**（黃孟嬌譯）。張老師文化。

大衛・登伯勒（2015）。**集體敘事實踐——以敘事的方式回應創傷**（冰舒譯）。機械工業出版社。

麥克・懷特（2012）。**敘事治療的實踐——與麥克持續對話**（丁凡譯）。張老師文化。

麥克・懷特（2018）。**故事・解構・再建構**（徐曉珮譯）。心靈工坊。

大衛・A・約伯斯（2020）。**自殺風險的評估與管理**（李淩 劉新春等譯）。中國輕工業出版社。

中國心理學會臨床與諮詢心理學工作倫理守則（第二版）。**心理學報** 2018, Vol. 50, No.11, 1314 -1322。

第五章　性、身體與青少女
——從終止懷孕看權力與身體

鍾詩韻

背景

　　過去8年，在前線從事性教育工作、性治療、社工、性與性/別教育，參與性/別小眾社群活動、社區性教育工作者的培訓事務的過程中，我聽了不少故事，體會了不同性與性別的社群生態。我體驗到一種表面開放，實質停滯的社會關係；媒體看似開放多元，實際仍存在充滿性/性別暴力與壓迫歧視的現象。而在社交媒體的龐大力量加持下，這些壓迫更是無處不在，各種的汙名論述，影響著一個人的身、心、靈。性事，特別是年輕、未婚女性的身體與性事，仍然受到根深柢固的厭女文化、蕩婦羞辱、強暴文化及一系列性別主義等權力機制的影響。這些影響不是個人的，是社會性及系統性的，是父權文化下一直以來的權力建構，要處理需要以較宏觀的視角看到建構，認清並鬆動體制。

　　在以下的內容，我主要分享我所認同的權力觀、知識與論述及其間關係。整個章節以「青少女終止懷孕」來呈現以上權

力觀，權力技術、論述及身體規訓；我也會刻意花較多篇幅呈現青少女經歷意外懷孕及終止懷孕，她們作為主體的論述與角度，希望作為前線青年工作者的大家可以聽到青少女們真正的聲音。

　　由於本人並不是性／性別研究訓練出身，也不是研究傅柯的學者，對於學者們的見解只是我個人的詮釋，如讀者有其他的詮釋，歡迎交流分享、豐富理解。整篇文章的定性，我希望以較宏觀的角度去看知識／權力，我期望讀者可以投入青少年生活世界，將你們的視角投入於他們身在其中的敘事脈絡中，並視他／她／TA們的生活經驗及角度作為一種被壓制的知識／權力去理解。我希望透過呈現他／她／TA們的故事，我們可以看到及批判宏大敘事的權力建構如何導致青少年置身於「問題」社會位置。我也希望透過重現青少年生活世界作為一種被剝奪資格的「在地」（indigenous）及「局部流行」（local popular）知識，讓我們與他／她／TA們一起向宏大主流權力／知識作出抵抗。

你的性不是你的性──性・身體・權力與規訓

權力／知識

　　傅柯認為權力與知識密不可分。知識是為權力而服務的。傅柯研究的方法是「知識考古學」及「權力系譜學」，他看權力及知識並不是以一個單一特別時刻／事件去理解，他會追溯

歷史，從宏觀的角度去了解權力如何互相鬥爭，什麼樣的權力成為當時社會統治關係主要的權力。他認為現代社會的權力，並不像古代社會權力那樣赤裸裸地呈現，（政權直接控制人民的身體並施以酷刑）。反而，權力是透過知識以微觀技術，滲入每個人的肉身當中。

傅柯認為權力不是「壓抑」人，而是「征服」人。每一個社會時代，都有某種「全面」、「一體」的知識體系被高舉，也只有這種知識才有「正當性」、才是正確、才符合道德標準。換句話說，能為權力服務的知識，就是「正當」的知識，此類知識被包裝為一種「真理」。其餘未能為權力服務，甚至與權力體系有衝突的知識，都會被壓抑下去，或者是被塑造成邊緣的、有違真理及非理性的。傅柯稱之為「受被壓制的知識」（subjugated knowledge）（Foucault, 1978）。（懷特與艾普斯頓，2001，頁65；White & Epston, 2001）

真理與論述

社會控制透過不停強調「真理」，使人自律地服從並按「真理」去建構自我主體，並跟從該社會體制所認可的標準而行。而要讓真理更有效地進入每一個人的肉身與關係當中，論述就擔當著一個非常重要的角色。

在《傅柯與社會工作》一書中，作者提出傅柯認為論述的意義是「陳述間的關係」（the relation between statement），是一

種「系統地形塑發言客體的實踐」（practices that systematically from the objects of which they speak）（Chambon et al., 2005）。一個特定的論述不只是限制什麼可以被知道、什麼可以被說，而且也建構出知識、溝通和實務。

傅柯認為「論述」是一種事件。而我們必須要將論述當作是一系列的事情，當作是政治事件——透過這些政治事件承載著政權，並由政權又反過來控制論述本身。

身體規訓與柔順的身體

因為人的身體不只是生物學上的單位，而是一個具有社會生命和文化生命的基本單位。人的身體都是在特定的社會關係網絡和生活脈絡中存在和運作著的。

權力已經不是採用赤裸規範打壓人的身體，而是讓每個人透過知識、道德和法規的訓練和學習過程，逐步使自身肉體自律地配合整個社會的規範，成為「理性」而且「合乎道德」的主體。

權力是「征服人」不是「壓制人」，就好似在親密關係暴力當中，施虐者不需要拳拳到肉的暴力對待，反而利用一系列的情緒勒索心理操控，去讓一個人心甘情願地臣服於自己的控制裡。傅柯對於現代社會權力操作的見解，也正正是類似這樣的一個狀態。

傅柯提出權力把人鑄造成「柔順的身體」（docile bodies），這「柔順的身體」服從於一體（unitary）而全面（global）的「真理」，從一個人的自身、人與人之間的關係甚至在整個社會關係網絡中，權力都以一種網狀的狀態微觀地運作，以達致社會控制的目的。

微觀權力與圓形監獄（Panopticon）

至於權力運作的微觀技術，傅柯以18世紀法國哲學家邊沁所發展出來的圓形監獄為比喻，形容在現代社會中權力如何運作，如何使人成為「柔順的身體」。

圓形監獄的設計以最低的成本監禁最多的犯人，是一個成本效益相當高的設計。整座建築是一個環形建築，中間是一個讓「獄卒」監察的瞭望塔。圍繞著瞭望塔是囚室。囚室是一間間小房間，房間與房間之間不能彼此接觸，也望不到隔壁囚室、囚犯。整個監獄不論門、窗、光線等等都經過精心的設計。囚犯是永遠可見的，瞭望塔裏的獄卒卻永遠不可見。房間裡的人永遠不知道瞭望塔裡面何時有人在監視他們。正因為如此，囚犯別無選擇，永遠只能假設一直有獄卒在監視自己，所以他們會自我監察自己的身體以及一言一行，盡量避免觸犯監獄裡的規則而遭受懲罰。在這種情況下，囚房經驗到永遠凝視，這是傅柯提出的「常規化的凝視」（normalizing gaze）（懷特與艾普斯頓，2001，頁117；White & Epston, 2001）

傅柯認為圓形監獄這種全景敞視模式正好是當代權力機制的範式。這種權力機制要求人跟從「常規化的判斷」去建構自我主體。不達到要求或者偏離規範和準則的，都會受到懲罰。這種權力機制不但把人和人的身體物化，而且還令人不知不覺地內化了這些規條與監控，進行自我壓制，甚至自我監控。這種微觀權力的高效之處是，因為常規化的判斷，讓人們加以區分（如：好／壞，道德／不道德，正常／不正常、合格／不合格等等）。即使每個人作為一個肉身處在規訓機制之中，我們有時也會成為「獄卒」，對「不合格」的人進行監控甚至懲罰。當人人都是監控者及自我監控者，社會控制就更順利。在性的議題中，「圓形監獄」式權力控制更易呈現，稍後在青少女個案中會加以闡述。

性、身體與權力

　　傅柯在《性史》中提到，性逐漸成為「身體權力」（bio-power）的客體對象；身體權力是指生活的管理，當中涉及一種他稱為「規訓權力」（disciplinary power）的狀態。身體被當成一種機器，得以操作並充分運用它的資本、效能、優點等。（Chambon et al., 2005）

　　關於性，傅柯提出了一些非常重要的問題：性話語導致了哪些知識？是什麼在支撐著這種性話語的權力／知識？

　　傅柯的研究方法是「知識考古學」及「權力系譜學」。根

據內地性學家李銀河女士的著作《福柯與性》（2001）裡所揭示，關於歷史上的性觀念，傅柯發現了一種相似的連續性。這種連續性有四種證據，包括：第一，「一種恐懼」；第二，「一種理想的品行」；第三，「一種羞恥的形象」及第四，「一種克制的模式」。（李銀河，2001，頁141）

當我參考傅柯提出以上的歷史時間線去理解性的建構，再觀照今日社會中性事在現代社會的狀態，特別是女性的性、青少女的性、未婚女性的性，不難發現上文提及的四種證據，似乎也暗藏於我們的社會當中。或許這是因為我們仍是以父權為主的社會，再加上中國儒家文化，以及同時受到西方宗教文化影響。

我看到香港社會，在社交媒體上似乎很多「開放言說性」的機會及情況，可是往往在私領域親密關係當中，抑或是當一個女性在網上談及了自己的性經驗、展露自己的身體、分享自己被性侵的經歷，甚至一女性被前男友殺害屍骨未寒的資訊，網絡間大量的厭女、蕩婦羞辱及指責受害人的欺凌性留言迅速出現。我們不難體會性權力的不平等與壓迫，其實它們是如此堅實強大地存在於我們自身與身邊。撥開眼前「性已開放」的迷霧，我們不難發現整個系統及權力建構仍需要很多的力量去鬆動與推翻。

終止懷孕，其實正正因為我們重視生命
——來自從不被聽見的「殺人犯」

對於墮胎女生之論述

在香港，終止懷孕，或俗稱「墮胎」（內地稱「人工流產」）是合法的，只要有兩位醫生簽紙本證明懷孕對孕婦身體及精神構成威脅，或嬰兒出生後有可能身心不健全，便可以循合法及安全途徑進行終止懷孕手術。終止懷孕手術懷孕期不得超過24週，若為拯救孕婦生命而進行的終止懷孕手術除外。

香港家庭計劃指導會提供胎齡不多於10週的終止懷孕手術（家庭計劃指導會，2023）。部分政府醫院及私家醫院都會提供終止懷孕手術，費用從港幣3000多元至40000元不等。

香港常見關於終止懷孕論述有：

1. 墮胎女生身分：「殺害生命殺人犯」、「自私不自愛女人」及「臭雞」[1]

1　臭雞：雞是指性工作者，在「性工作者」仍未被香港社會採納為正式稱呼之前，都稱性工作者為「妓女」。因為普通話讀音似跟「雞」相似，以前都以「雞」形容性工作者，罵一個女性為「雞」，是侮辱的字眼。
　　「臭雞」一詞因電視劇《巨輪二》吳岱融飾演的角色再於網上翻起熱潮，劇集截圖被制作成不同的meme（迷因）並不斷瘋傳。「臭雞」在網絡年代，已不只是侮辱性工作者，也不再單是跟一個人的性操守有關。所有不合格的女性，所有被質疑或攪亂局面的女性，只要你不喜歡一個女性，你便可以罵她「臭雞」。我在2018年因參與揭發 telegram 偷拍群組，也被罵「臭雞」。

2. 墮胎女生下場：「靈嬰／怨靈纏身」

不論在網絡上，或是受訪女生的用詞，終止懷孕的女生等同「殺害生命殺人犯」，等同「自私不自愛女人」及「臭雞」、「有缺失的女人」、「不完整的女人」等等形容詞處處可見。不難察覺都是以道德批判去定義了青少女的身分、定義進行終止懷孕的女性就是一個缺乏道德的人。而這些說法，深深地內化在女孩子的思想系統中，連她們自己也會這樣定義自己的身分，這種不道德的身分連帶著低下的個人價值。因為這樣低下的個人價值，她們沒有資格要求平等的對待，合理化了她們在親密關係中的性別權力不公。因為這種不道德的身分，所以她們就不值得被愛，她們就需要委曲求全。

從4個女孩子的故事中，我們看到不論在網絡上、朋輩中，甚至是在部分專業人士的思想中，不管是什麼原因，終止懷孕便是不好，就是青少女沒有好好自愛，沒有為自己負責任。在獨特的華人社會文化中，「靈嬰之說」（PanSci,2019）也是廣泛地流傳在網絡上下，靈嬰之說系統化了內疚與恐懼，深深地植入了每一個女性的身體與心靈當中。不少經歷過終止懷孕的女孩子，包括其中一位故事分享者，都稱自己在夢中看見「靈嬰報夢」或是跟著自己。那些夢境是真實的，那些恐懼與內疚也是非常真實的主體感受，但是我們有沒有思考過這些內疚感、羞恥感、罪惡感可能也是一種社會權力建構，從精神、心靈到身體，由外而內地規訓女性。

4位青少女的「墮胎」故事

　　我非常感謝4位女生 Anna、Cathy、Kinda、Lily，及一位男生——Lily男友Alan，跟我分享她／他們的經歷、感受與想法。沒有她／他們的故事及論述，我不會寫出一篇有血、有肉、有眼淚、有靈魂的篇章。在我而言，她／他們的故事應該要被看見，她／他們的論述也是有力量的，只是不符合主流權力建構而被壓制了下去。我感恩我擁有能力，協助帶出這些被壓制的聲音。

第一位女生：Anna（化名）

　　Anna現在30多歲，她意外懷孕大概是在10多年前，她分別進行了兩次終止懷孕手術，兩次都在當時的港中醫院（已於2012年結束營運）。她表示自己想成為一位「非主流的女人」，她之所以「不是主流」，是因為她不打算「搵人買單生仔」（即「找人買單生孩子」的意思）。她認為結婚是一種經濟活動，主要原因是，在香港有一個普遍的現象，女性一般會認為隨著年齡增長自己會「貶值」，所以在很年輕時就需要找一個有錢對象定終生。她並不認同這個觀念。她年輕時也有生小孩的想法，但經過多年考慮，最終決定不生育。

　　當發生意外懷孕時，她當時和一位交往10年的男友在一起，除了她本人、男友及男友母親知道之外，她的父母及其他親人並不知道這件事。

Anna的分享主要帶出：經歷終止懷孕的，不一定是創傷經歷。這與第四位受訪者Lily如何論述終止懷孕手術對女孩子的影響有些相似。

另外，她很強調對於意外懷孕，我們應該要以終止懷孕作為首要選擇，並為此提出她的理據。她亦在分享中提及親密關係中性別權力不平衡，如何讓女生難以實踐安全性行為（因為主要權力是在男方）。因為很堅決自己不會生小孩，Anna已進行輸卵管切除手術。

第二位女生：Cathy（化名）

Candy 接受訪問時30歲，在職。前後共經歷了三次終止懷孕手術，第一次在18歲時進行，第二及第三次是在她28歲時。Cathy的墮胎故事有著對比明顯之處是，她幾次意外懷孕時都在同一個政府資助機構「家庭XXXX會」（下文簡稱「XX會」）求助，可是因為不同的身分（青少女及婦女），在同一個機構的不同部門求助，面對截然不同的待遇。18歲時意外懷孕，身分為「青少女」的她向專門協助青少年的青少年部門求助，在大樓的較高樓層；到28歲，身分已變成「婦女」的她在同一座大樓，位處大樓較低的婦女部門求助。

第一次意外懷孕時（18歲），Cathy還是學生，跟當時比她大4至5歲的男朋友身處於關係的末段，正在討論分開的安排，但由於關係未完全正式結束，Cathy仍然與對方發生性關

係。他們從關係開始，其實一直都有採取安全措施，根據Cathy形容，那次性行為他們也有使用保險套，但不知為何保險套卻失效了。Cathy表示一直都有吃事後丸（緊急避孕藥）作為避孕的方法，那次性行為之後，她也有前往藥房購買事後丸，但這一次月經並沒有如期來到，對於那次意外懷孕她感到莫名其妙。

在完成終止懷孕手術後幾天，當時的男友承認他刻意刺穿了保險套，想透過讓Cathy懷孕並生下孩子來留住她。發現意外懷孕時，雖然男朋友在職有收入，但對於當時還在求學階段的Cathy來說，做母親的責任非常重大，她不想在沒有條件及能力的情況下成為母親。

第二及第三次意外懷孕發生在28歲，導致她意外懷孕的是同一位男友。這位男朋友以自己對乳膠敏感為由，堅持不使用保險套，亦因此男朋友聲稱用保險套後不能維持勃起，陰莖很快變軟。即使Cathy一直要求，他也從來沒有使用保險套。當時她唯有使用的避孕方法是「外射」（體外射精）。根據Cathy的描述，她跟這位男朋友的性關係中，其實從來沒有成功插入並完成射精的動作，因此意外懷孕很大機會是在未插入時已「中招」。

由於第二及第三次又懷孕時，Cathy已超過「青少年部門」26歲的年齡上限，這次她需要到同一座大樓低樓層的「婦女部門」求助。這次的意外懷孕，Cathy起初並沒有明確的決

定想要抑或不想要胎兒。已成為「婦女」的她跟18歲那年相比，求助經驗完全是相反的。Cathy最後選擇在一間私家醫院進行終止懷孕，當時收費約32000元港幣。Cathy表示在私家醫院進行終止懷孕手術的整個歷程，整體感覺是良好的。可是，「Baby好健康，你是否真的不要」這句話，讓她覺得很不開心，因為有種「好似殘害生命，阻止Baby出世」的感覺。

半年之後，Cathy因為再次意外懷孕，所以再去同一間醫院找同一位醫生處理。醫生見到她非常之驚訝，並嘗試以短時間內做兩次手術可能會讓她將來生不了孩子為由勸說Cathy。最後Cathy還是決定做手術。這次處理意外懷孕過程後，Cathy選擇以避孕針避孕。可是，打避孕針後對於Cathy的身體副作用相當大，她表示在7至8個月期間，體重總共重了10多公斤。第二次進行終止懷孕後，男友選擇不做愛以預防懷孕，之後因發現男友出軌而導致分手。

第三位女生：Kinda

Kinda今年23歲，過去總共經歷了兩次終止懷孕手術。第一次是15歲時，在香港黑市終止懷孕診所進行，第二次則前往深圳的診所進行終止懷孕手術。Kinda來自單親家庭，她有妹妹和弟弟。母親因為工作的緣故未能照顧她，所以Kinda自6、7歲起，就在社會福利體制部下不同的部門／機構（如：寄養家庭、兒童之家、兒童院舍、群育學校、中途宿舍、女童院）之間轉來轉去。15歲已輟學的她，形容自己是因為家庭問題導

致有情緒問題想得到關注，而不是有行為問題。可是香港的教育及社福制度，卻未有清晰標準來分辨「行為問題」與「情緒問題」兒童的需要及相應協助，而將她單純的視為「有行為問題兒童」，她認為在體制中不斷被安排到不同的地方，根本「本來不壞卻最終學壞」。她在體制內被「拋來拋去」，甚至經常受懲罰。因此，她對香港教育制度及社工非常失望。

Kinda被同學父親性侵，性侵事件發生後，當時她母親卻責罵她：「你看！你做了什麼好事？」她表示自己沒有怪媽媽，也沒有對媽媽帶有仇恨，因為她理解為何母親會這樣反應。但她承認這是她一個「無法忘記的傷口」。因為這件性侵事件，才10歲的小學生Kinda需要上法庭進行審訊，她還記得對方的辯護律師在辯護時指責她是為了錢才進行誣賴捏造，本來就是約好對方給了錢就可以進行性行為，這次是因為金錢方面彼此「傾得唔好」（沒有談好），所以才「反面」（翻臉），Kinda在訪問中補充「他（對方律師）說我是雞（妓女）」。

Kinda是受訪者當中，從來沒有在香港進行終止懷孕手術的青少女。主要原因是她的朋輩曾經在XX會遭到很大的指責及恐嚇。朋輩叫她不要去XX會，介紹了手術價格1500元港幣的旺角黑市終止懷孕診所給她。15歲的她自己一個人去黑市墮胎。跟她進行訪問時，她仍可非常具體地形容當時診所的格局與擺設，她形容電影裡黑市墮胎診所的場景，跟她經歷的終止懷孕手術一模一樣。

第二次的意外懷孕，手術在深圳進行。當時的男朋友願意跟她結婚「負責任」，但是她正正因為意識到自己沒有學歷、也沒有經濟能力，加上彼此成長背景都複雜，未必有能力去愛孩子，她不想讓自己的孩子受苦，因此，她拒絕結婚也決意終止懷孕。

即使Kinda讀過文化研究，也對性／性別有一定認識。可是，經歷終止懷孕後，也內化了社會一些蕩婦羞辱的想法（如：不完整女人），影響了她對自己的身分認同及價值。她認為自己不能發展「正常的」異性戀關係，因為不會有男生接受自己曾經終止懷孕。所以她受訪時的伴侶是一位外表不太吸引人的tomboy。她形容此段關係為「大家需要大家」，有感覺彼此需要的關係。一來她認為沒有人會愛自己，二來她認為這樣的一位伴侶應該不會離開自己，不用重複從小到大被遺棄的經歷。

第四位女生：Lily

受訪時Lily年齡是22歲，在學，跟男友交往4年。於2021年，在香港XX會進行終止懷孕手術。Lily跟男朋友一直都有使用保險套的習慣，但不是每一次都使用，即便使用保險套，男友也不是整個過程都戴著，有時在性行為的「中途」才戴上。即使Lily覺得不用保險套的感覺不是太好，但她也不懂表達。而在性行為過程中，Lily其實不知道何時男朋友會戴上保險套，Lily表示不知道如何向男朋友開口，也不知何時向男朋

友開口詢問他會否使用保險套。

　　Lily本身對性別議題有一定認識，她對於意外懷孕及終止懷孕早已經跟同學進行理性討論。美國2022年推翻《羅訴韋德案》（憲法保障墮胎權法案）之裁決，Lily也有留意，對她來說墮胎權是個人的權利，她認為每個女孩子都可以為自己身體作出決定。在經歷該次意外懷孕及進行終止懷孕，最讓她難受及憤怒的部分，是在XX會裡面遇到被醫務人員不尊重對待的經歷。即使面對「輔導員」，Lily認為輔導員只是跟隨一系列的清單問她問題，希望她回答期望中的答案，並沒有真正「輔導」或關心她的情感需要。

　　Lily形容整個過程為「需要好well-prepared自己」，做一個完美求助人。要向所有專業人士證明自己狀態穩定、思路清晰、親密關係正常，一切都正常才有資格獲得終止懷孕手術的機會。經歷醫護人員不尊重的對待後，Lily表示非常憤怒，因為她認為終止懷孕是每個女性的權利，醫生的角色是提供專業的醫護意見，而不是用自己的價值觀去批判她的決定，或者表達一句潛台詞：「做終止懷孕術是一個不好的選擇！」

　　Lily表示這些不受尊重經歷讓她整個人進入了「防衛模式」，整個過程都在壓抑自己的情緒。手術後兩個月，因為有一次男朋友再次在未經過她同意的情況下進行不安全性行為，觸發了她的內在情緒，即時情緒崩潰。另一次觸發導致她崩潰的事件，是男朋友不經意批評其他在玩遊戲時提及「墮胎」字

眼的女孩子為「MK妹」（在香港，一些被視為幼稚、不檢點女孩會被稱呼為「MK妹」）。這兩件事讓她非常難受，難受一方面是因為她見到蕩婦羞辱（slut-shaming）觀念原來深深根植於男朋友及身邊的朋輩當中；另一方面，她會想是否男朋友或其他人也會這樣看待自己。另外，在整個意外懷孕的事情上，Lily覺得很不公平的地方是：第一，好像受傷害的永遠都是女性；第二，即使意外懷孕是男生與女生共同參與才會發生的事，但社會上所指責的，永遠都只有女生；第三，以身體去經歷終止懷孕，當中一切的擔心、肉身的痛楚及被指責與侮辱，只有女生一方承受。Lily的分享中，她對制度裡的專業人士提出了很大的控訴，對於文化上如何蕩婦羞辱女孩子，如何指責女孩子，她也感到非常憤怒。

從個人見政治，權力如何在青少女身體運作
整個社會如何合力進行規訓

人人都是圓型監獄的獄卒
以羞辱、恐懼及內疚，讓她們永遠活在微觀懲罰中

Cathy

「18歲時意外懷孕到XX會求助，我很明確地跟醫生表示我決定終止懷孕她帶著指責的語氣說：『什麼！你真的決定不要？這是個生命。要不你生他／她下來，坊間有機構可以讓你安排領養吧，你給小孩安

排領養啦！有些人沒得生小孩不育很可憐，你可以生育應該要好慶幸、好感恩的。』」

「醫生還這樣跟我說：『唉！你究竟跟幾個人發生過性行為？你會不會有性病？都不知你是否也感染了愛滋病！……我們這邊有免費的性病測試，你去檢驗一下吧，你這麼多個性伴侶！』我當時18歲，曾經有過的性伴侶都不超過五個。」

「我向醫生表示如果半身麻醉，我很怕會痛！醫生反應像是在罵我：『怕？怕你就不要意外懷孕啦！』」

Kinda
「15至20歲期間，有一段時間朋友中有人在我背後嘲笑及奚落我，他們在我面前指責我是一個『不好的女孩』、說我隨便。一聽到這件事（終止懷孕）立即面色大變。」

「當時我從事part-time工作，有個本身已有女友的男同事想追求我，當他聽到我曾經進行終止懷孕，立即終止來往及劃清界線……並將我的事用來跟別人講八卦，不斷將我的事告訴其他人……說我人格有問

題、教壞他的女朋友……從這一件事我開始意識到，除了別人說墮胎會有靈嬰纏身，其他人更會因為你曾墮胎而質疑你的人格……」

Lily

「檢查之後，醫生就跟我講說：『初步看你的Baby應該是健康的。』然後她便提Baby多少週就會有心跳……接著便開始逼問我為何不要Baby，她的語氣很冷酷，好似審問犯人那樣。」

「當她知道我是仍跟男朋友在一起時，她隨即問我。」對話如下：

醫生：為何你們不要（孩子）？為何選擇做終止懷孕手術？

Lily：因為我覺得自己現在還無法負擔養孩子。

醫生：什麼原因？

Lily：因為我仍在求學。

醫生：那你懷孕也是可以繼續上學！要不你申請休學吧！

Lily：但是我打算之後再讀Master，所以（意外懷孕）就打亂了到我自己本身的planning。

醫生：要不你生出來，送給人領養就可以啦！

Lily：我家庭經濟環境不屬於非常好，不想增加

家人負擔。

　　醫生：我覺得你應該總有其他方法！

　　「她的語氣就好似怪責我，雖然她沒有說出口，但是她的語氣絕對給我怪責的感覺。你會feel到她有hidden agenda（話中有話），好似想說：『既然你都知道自己不想有小孩，為何你不戴保險套啊？』第二個hidden meaning（言外之意）是：『總之你選擇做終止懷孕手術就不是一個好選擇！』」

「好女生／壞女生」二分
要做完美求助人，我們只希望妳是思路清晰又「檢點」的弱者

Lily

　　「我從輔導室走出來時的感覺很奇怪，感受不到她們在輔導你，而是在評測你！我好像要demonstrate（證明）出一副『非常清楚自己在做什麼、好清楚自己為何要作出這個決定』的樣子，我需要在一個好穩定的狀態底下做出這個決定，……我覺得我需要講出一個她approve（認可）的答案，我才可以繼續到下一步。如果有一項是『不合格』，有可能會不能進行手術……我在房間裡邊有個感覺是：『她們是否期望我就地崩潰才deserved（該得到）手術？』」

> 「其實如果有一些女孩子並不像我那樣對答清晰，她們的經驗可能就會非常之不同。例如輔導員問我關於與男朋友關係，有多少性伴侶、有沒有固定性伴侶等問題，我就會想像如果其他女孩子不像我這樣是只有單一性伴侶，她們會被怎樣對待……如果我跟輔導員說『我男友知道之後就立刻跟我分手』，會有什麼下場結局？」

年齡主義——八樓地獄，天堂在地

Cathy於18及28歲的意外懷孕都是在XX會進行檢查、諮詢及轉介。18歲身分是「青年女」，需要在同一座大樓較高樓層（八樓）「青少年部門」求助。有關Cathy在18歲時求助的詳細敘述，可以參考前文段落。

到了28歲，身分已變成「婦女」，Cathy需要在同一座大樓地下的「婦女節育部門」求助。

> **Cathy**
>
> 「28歲時意外懷孕，我也是去XX會。但因為我已經超齡（超過26歲），不可以在青少年部門求助，我需要到地下婦女節育部門。這邊的姑娘的態度好好，例如：
>
> 她非常有禮貌地問我：『你今天你有什麼事？有

什麼我能幫忙的？』

　　我回答，因為我很久沒有來經期，我擔心有
Baby，想驗孕。

　　姑娘就好溫柔地跟我說：『那麼我給你一個塑膠
瓶，你去洗手間留尿。留尿之後把裝了尿的塑膠瓶給
我。然後我再找其他姑娘幫你驗。』」

　　「驗孕後我確實懷孕了，我很擔心，姑娘提供了
不同的建議給我。她當時是這樣說的：

　　『其實你會不會有機會想要（生下來）？如果你
想要的話，我會開一張紙（轉介信）給你，憑這張紙
你可以找你心目中的婦科醫生檢查。』

　　『如果你不想要的話，這邊（另一張紙）有個
list（醫院名單），你可以了解有關做終止懷孕手術
的情況。』

　　『如果這一刻你未想考慮清楚也不要緊？你決定
要抑或是不要，我兩張紙都先給你。如果最後你決定
要的話，你就拿轉介信去找相關的婦科醫生做進一步
檢查；但如果你決定不要的話，那你看看這個list裡
面你想去哪間醫院做終止懷孕手術，依你自己方便就
好。去相關醫院做預約，到時就跟醫院說是XX會介
紹過來，如果是經由我們介紹會有折扣。』」

Cathy表示同一地方，不同年齡、不同身分，待遇竟然天差地別。成為了「婦女」後，整個終止懷孕求助歷程完全不同。地獄在八樓，天堂在地下。

那些「被壓制的知識」──來自青少女的論述

正正因為我「愛惜生命」

Cathy

「我覺得我有一半是愛惜自己、愛惜生命。我愛的部分正正是未有出生的生命，他們不來這個世上，對他們來說應該是最好的選擇。因為如果我把他們帶到來這個世界，我究竟有沒有能力背負單親媽媽這個身分？或者是如果我跟當時男朋友結婚，我是否有能力可以讓小朋友幸福呢？因為（把他們生下來）責任更大。」

「養育一個小孩子，我覺得首先要有金錢。雖然有些媽媽會覺得沒錢也可以養活一個小朋友。但現實是殘酷的，如果你沒有錢，很多事情你都不能夠給予小朋友，他們便不會有一個好的童年。因為我覺得童年對於一個人的成長非常重要。如果童年的時候不快樂，長大後心靈上可能會有缺失，或者會影響他們的出路。」

Kinda

「我當時只有中三學歷，我沒有能力選擇飲食及零售以外的工作……我那時只有一條路，便是終止懷孕。因為你生了小朋友，你要對他們的生命負責……」

「……我也聯想到自己的成長過程，我覺得會不自覺地影響下一代。再者，我覺得如果因意外懷孕而結婚，這個做法是錯的，會連累小朋友……」

「我從來都不曾想過生了孩子卻拿去讓人領養，我覺得這個做法好反智。因為我自己在保良局（兒童之家）住過，有好深的感受……見到那些小朋友年幼沒人要……好可憐。」

終止懷孕是基本權利，是女性身體自主的事

Lily

「每個女生都應該有權利去做決定，為自己身體做決定，雖然我知道一定會有人反對或者不認同終止懷孕，但我並未預料會在醫生及專業醫護人士身上出現。我覺得他們是醫護專業，她們suppose（應該）提供專業medical（醫護）上面的意見，而不是隨便批

判我的決定。」

「即使那些女孩是『MK妹』或是有著不同的關
係狀態，這個都是她自己的決定，外人憑什麼在她自
己身體自主權上說三道四！」

意外懷孕的選擇，終止懷孕應該是前設選項（Default option）

Anna

「Unplanned pregnancy其實好影響一個人的人生
規劃。我自己覺得如果意外懷孕，default option（前
設選項）應該是終止懷孕。除非你是一心想要懷孕，
否則基本邏輯上，終止懷孕應該是首項選擇。因為你
根本不是在此時此刻想要小孩，意外懷孕即是說你根
本未有足夠的準備給予小孩，而未有足夠準為什麼你
硬要把小孩生下來？」

「我覺得有好多人生小孩，她／他的人生變得開
心，主要是因為有些人覺得有了小孩就有了人生目
標，有了自己的個人價值。可是，要讓自己開心、讓
自己覺得自己有價值，生小孩不該是主要原因。」

「每個人都應該相信自己的人生是美好和有價值

的，生小孩有個新生命是錦上添花才是正確觀念。如果你覺得人生是痛苦的，生小孩就會讓人生減少痛苦，甚至得到快樂，這個目的是錯的！」

終止懷孕是有重量，但不是我們人生的「重大事件」

Anna

「我覺得首先不要blame（指責）人們為何會意外懷孕，意外懷孕其實是一件十分平常的事，因避孕事實上是很難的事……」

「喜歡不戴套的是男人，懷孕的卻是女人，如果每一次都將墮胎事件放很大的話，受傷的只會是女人。我覺得應該用平常心面對，大家都知道意外懷孕不在預期當中，是意外，沒有人想要……每每將事情放到很大，it doesn't help……」

Lily

「我覺得有一個不太舒服的事情，就是大家都覺得意外懷孕是一個major event（重要事情），對我帶來好大、好負面的影響。就以我的精神科醫生為例，當他一聽到我終止懷孕事件後，就立即好認真地問了

我很多問題。我不是說終止懷孕的影響不大，但是卻有點抗拒這樣去define（定義）終止懷孕是一件極度嚴重的事。」

親密關係中的性別權力，一直「隱形」的男生應被正視

Cathy

「其實一開始有性行為，我就跟他說如果不用保險套會很容易有小朋友，勸他要使用保險套。任我再怎麼說，他卻十分堅持自己的想法，理直氣壯地說：『我就是不戴套，我（有）乳膠敏感！』而出事的時候，他起初也表示會負責任，但到最終顯示原來他根本沒想過要負責任。」

「他比較大男人，將避孕責任全放在我身上，我負責去打針（作者註：打避孕針讓Cathy幾個月體重增加了10公斤，這讓她感到非常困擾），而他就完全不覺得自己有避孕的責任，就是堅持不戴保險套。」

Lily

「我覺得就算不是講我，將經歷或單純只提及終止懷孕的女孩稱作『MK妹』是非常不尊重的，好似

將所有責任都blame（怪責）在女孩子身上⋯⋯而意
外懷孕不會是女孩一個人的責任！為何只指責女孩，
羞辱一定是罵『死MK妹』而不是『死MK仔』？」

Anna
　　「我覺得有件事很難處理的是，你要求女生迫使
男生戴套，但好多女性平日都被社會教化成需要遷就
他人，要女生在安全性行為上迫使伴侶其實並不是那
麼容易。」

　　「就算你講很多女權意識，當一到親密關係上其
實很難實踐。現在的主流文化仍然以父權文化為主
導，好多時候進入一段新的親密關係仍然難以避免使
用父權文化的方式。同時，對於一個平等的親密關係
是如何發生，亦缺乏足夠的例子去讓人參考⋯⋯」

結語：時常反思吾身

　　美國黑人法律學者兼民權倡導者金柏莉・克雷蕭（Kimberlé
Crenshaw）在90年代多元交織性（Intersectionality）的概念，主
張一個人因擁有多重的身分會導致他／她／TA在社會上面對多
重壓迫交織而成的獨特處境。一個人的多重身分類別可以包

括：性別、年齡、種族、語言、經濟地位、公民身分、身體／智力能力、婚姻狀態、教育程度等等。壓迫呈現的權力機制也是多樣的，如：性別主義、年齡主義、種族主義、白人優越主義、同性戀恐懼、跨性別恐懼、排外主義等等。而當這些權力建構及壓迫長久地影響一個人，慢慢內化並直接影響其身心。這絕不是「個人問題」的事那麼簡單。就如傅柯提出，權力／知識通過身體規訓，使人建構其主體意識。

Cathy 的「地獄在八樓，天堂在地下」，我們清晰看到，同是女性，年齡和性別如何建構了一種權力關係網，在網內的人會因為覺得自己高於青少女，便有資格去批判、去侮辱。明明青年人身處的社會位置是最缺乏權力與資源、最需要協助、最需要關心指引的，為什麼是「青年人」在生育服務求助路上總是被羞辱及指罵？是成年人根本性地擁有去批判青年人的資格及權力嗎？為什麼成年人有這樣的權力？

作為提供社會服務的人，我們也在權力建構當中。我們無可否定在體制中，我們無法逃避我們有特權（privileges）的事實。作為「專業人士」，當我們也置身權力制度之中，我們是權力／知識的產物。在體制中，我們有時成為「獄卒」。我們需要時刻反思吾身，是否享受權力／知識給我們的「特權」及控制感，或不自覺地幫助維持及強化一些權力機制，而沒有看到及回應不公義的機制。

後記：終止懷孕事件中的男生

　　4位女孩當中3位女孩都已經跟導致自己意外懷孕的男孩分手，只有較近期進行手術的Lily跟男朋友Alan仍在關係中。在蒐集資料的階段，作者有機會向Alan了解他身為男性在整個終止懷孕及意外懷孕事件中的感受及經歷。他跟其他男生非常不同，是主流論述中所描述的「負責任男人」，可是因為對意外懷孕對女性的影響認識過於表面，加上對於女性性歡愉的迷思，他又「重覆犯錯」，導致Lily情緒崩潰。他的故事其實可以用另一章節探討男孩在意外懷孕事件中的身分，以及父權下陽剛氣質如何形塑男生也成為「柔順的身體」。基於篇幅所限未能詳細闡述，期望來日有機會以文字再作分享。

參考文獻

Chambon, Irving & Epstein 等（2005）。**傅柯與社會工作（王增勇、范燕燕、官晨怡、廖瑞華、簡憶鈴等譯）。心理出版社**

麥克‧懷特及大衛‧艾普斯頓（2001）。**故事‧知識‧權力：敘事治療的力量**（廖世德譯）。心靈工坊。

PanSci, 泛科學（2019, 01-03-2023）。**墮胎就會有「嬰靈」？其實，這個說法八十年代才廣泛流傳——考查臺灣嬰靈傳說的起源**。下載於https://pansci.asia/archives/173307

Chambon, A., Irving, A. & Epstein, L. (eds.) (1999), Reading Focault for Social Work. Columbia University Press.

Foucault, M. (1978). *The History of Sexuality: An Introduction Volumn 1* (R. Hurley, Trans.). Vintage. Retrieved from https://www.overdrive.com/search?q=67F26227-4116-4094-9D0B-1F2588E3AEF7

家庭計劃指導會（2023）。**終止懷孕服務內容**。下載於 https://www.famplan.org.hk/zh/our-services/clinic-services/termination-of-pregnancy/content

李銀河（2001）。**福柯與性**。

PART 3 方法與實踐
攜手與青年人共行

第六章　向專家們致敬

秦安琪

　　怎樣也無法預料敘事理念自2000年初降落在臺灣、香港和內地之後，逐漸聚集了熱愛敘事理念的同仁不斷埋首學習和努力實踐本土敘事於華人社會。我們醉心的是每個人的經驗與故事，及蘊藏在故事裡的信念和夢想。在前五章我們有機會聽到一些青年人的故事和智慧，還有很多青年人的聲音在我腦海中蕩漾。

　　篇幅所限，在這一章只能介紹幾位給我禮遇的青年人，過程中見證每一位青年人——我們的專家、顧問，他們的智慧和從不放棄的生命盼望，讓我讚嘆之餘，不得不多謝各人的教導，藉這一章向所有青年專家們致敬！

說故事憲章

　　David Denborough（2014，p.9）的「說故事憲章」（Charter of Storytelling Rights）是為每一個人而設：

第一條　每個人都有權利用自己的語言和述語定義自己的經驗

和問題。

第二條　每個人都有權利讓自己的生活在其經歷過的事情以及
　　　　與他人的關係中被理解。

第三條　每個人都有權利邀請對自己重要的人參與從創傷影響
　　　　中恢復生活的過程。

第四條　每個人都有權利免於因內在創傷和不公義而造成的問
　　　　題，就好像他們內部存在某種缺陷一樣。人不是問
　　　　題，問題才是問題。

第五條　每個人都有權利讓自己對創傷的反應得到承認。沒有
　　　　人是創傷的被動接受者。人們總是會做出反應。人們
　　　　總是抗議不公義。

第六條　人人有權使其生存技能和知識受到尊重和承認。

第七條　每個人都有權利知道和體驗自己透過艱辛所學到的東
　　　　西，可以為處於類似情況的其他人做出貢獻。

（以上中文翻譯見https://www-narratievetherapie-nl.translate.
goog/narrative-therapy-charter.html?_x_tr_sch=http&_x_tr_
sl=en&_x_tr_tl=zh-TW&_x_tr_hl=zh-TW&_x_tr_pto=sc）

第二章〈青年人故事選擇權及話語權〉的主題正好吻合第一條憲章，青年人有權利用自己的語言和述語定義帶來的活過經驗和遇到的問題。往後幾篇文章也回應了第二條至第六條憲章的呼籲，有關青年人被明白、被理解、被聽到的故事，包括他們經驗的創傷事件等。我們也相信他們選擇分享的都是生命裡的珍貴片段，無論是「壞故事」（bad story）抑或是「好故事」（good story）。如果我們持守「每個人是其生命的專家」的信念，那麼，「好」與「不好」得請青年們界定了。

　　青年人十分慷慨地允許我們把他們的故事記錄成檔案，不單能讓更多人聽到他們的經歷，想像閱讀各人故事的過程同時會為每一位讀者的生命帶來貢獻，也凸顯了第七條憲章的特性。

　　我們就享受青年專家予我們的禮遇和貢獻。

打遊戲是怎麼一回事？
——網路成癮？網路專家？實行盼望？

　　近年，網絡成癮備受關注，使家長和老師們擔憂的是年輕人整天只顧上網，影響身體、學業、人際等。文獻主要從他們的家庭環境、父母管教或朋輩影響方面探討問題的根源，社會工作或諮商目標以誘導他們明白成癮行為問題，「戒掉」或減少這個行為為主。

話說回來，成年人在任何時候、任何地方因工作上網，從來不會被認為有網絡成癮的危機，而是必要的。同樣，若孩子上網是尋找參考資料或作其他「有益有用」的活動便不是問題呀。煩擾家長、老師和青年工作者的似乎是網絡遊戲這個問題，令他們困惑和感到沮喪氣餒的是年輕人的視力會受損、他們可能在網絡世界認識不良份子、脫離現實。除此之外，「癮」好像無法或難以戒除，帶來一連串的無能感、無力感。

　　敘事實踐則會利用遊戲讓兒少在「玩耍」的過程，與其他參加者運用集體在地知識和技巧（collective knowledeges and skills），呈現各人在意的東西。通過遊戲，我們希望確保遇到困境或創傷的兒少不會經歷「二次創傷」（Nyirinkwaya, 2020）。Melmet Dinç（2019）與Murat的一席話讓我很有共鳴。Murat在網上與成千上萬不同國籍、年齡、職業、技能的人士同時打同一個網路遊戲，當Melmet好奇地問他：「怎樣可以得到這個成功？」（How you got this success?）Murat回答：「成功？我很驚訝您會這樣說，我的父母一定不同意您這話。」Melmet指出敘事實踐者採取的「共行位置」有四個要素：包括協作態度、珍視任何（情緒）經驗或反思、呈現主角（自主）權力、減低存在的分級分層。

　　Dale Andersen-Giberson（2016）肯定了網路遊戲對兒少生活的重要性。首先，他稱呼青年人為顧問；其中一位顧問George分享打遊戲有助減壓，有時候他是「上癮」了，不過，讓他上癮的不是遊戲本身，而是「沒有壓力的感覺」。Dale亦

與一群喜歡打網路遊戲的中學生顧問解構社會與文化跟網路遊戲的連繫，他們回應「一切都是為了錢」。遊戲公司會盡力掌握8至18歲兒少的喜好，然後設計不同的網路遊戲吸引他們，因為他們花得起錢購買。在小組對話內，Dale亦有機會發現透過遊戲，學生們可以建立在現實生活裡不能得到的身分認同。

網路遊戲與身分建構

在培訓過程分享鵬鵬因為「終日打遊戲」被母親廖女士鎖起電腦的故事，見到一些參加者報以會心的微笑，他們也有徹夜打遊戲的經驗，特別是假期的時候或不用上班的日子，可以整天不停打遊戲。鵬鵬跟同樣熱愛打遊戲的在職成年人不一樣之處在於他是「在學卻不努力讀書」，並且是初中一年級的重讀生，打遊戲成了問題行為。

在諮商結束一段時間後的某一天，廖女士來電問道：「秦姑娘，你想先聽壞消息抑或是好消息？」我回答：「您想先說哪一個消息都行。」她說較早前警察到鵬鵬就讀的學校找他錄取口供，因為他涉嫌侵入某一機構的網路系統，如果屬實他有可能被提告。知道他並不是受到不法集團的指示或操控後，警方決定不向他提告，廖女士才放下心頭大石。不久，機構網路承辦商的一位電腦技術員去家訪跟鵬鵬聊天（廖女士認為可能是要確認他入侵網路的意圖吧），鵬鵬提到長大後想當電腦程式員，該公司員工離開前送了幾本電腦書籍給鵬鵬，並說要懂得電腦程式是得讀大學的。傳來的是廖女士喜悅的聲音說：

「我再也不用嘮叨他要讀書溫習了，他說要努力讀書，他要上大學。」「努力讀書」是鵬鵬的決定，朝他盼望的未來進發的其中一個行動，而不是被要求作為「好孩子」、「好學生」必須要做到的行為。

鵬鵬是我的老師。對於完全不懂網路遊戲的我，他不會說我「真笨」、「說了多遍仍不明白」，更不厭其煩地解釋他喜歡及擅長的幾款遊戲，讓我長知識。他說起這些時，那詳細的描述和興奮的語調，跟回應母親有關讀書不集中、有可能再次留級時，那種垂著頭、沒精打采的細小聲音形成強烈對比。母親有機會聽到並見證他對我的教導，便發現兒子「極聰明、極具創意」。

軒老師的網絡世界

阿軒，我的另一位老師，讓我學到打遊戲要注重的地方：

「我們注重各人的實力、態度及整個團隊合作才可以玩得開心。當然，個人實力強固然有助整隊團隊作戰，但亦不可不顧及隊友的情況，要一同達成目標，才是遊戲的重要元素。同時也要視乎遊戲者的態度。因有時在作戰期間，如遇上自己作戰那隊不順利，有些隊友可能會指責別人，或會用粗言穢語去發洩，讓自己也很想快些結束比賽，再開始另一局。最想是遇到隊友即使在不順利的戰情下，仍能保持反敗為勝的決心。正因這遊戲的玩法多樣化，不知下一秒的戰情怎樣，因此很需要

全隊人一同找出方法去應付。我看這不單是一場遊戲，而是一個團隊的合作和努力。」（香港青年協會、香港浸會大學青年研究實踐中心，2016，頁111）

軒老師還說他在網路上認識了30多歲的朋友，「他們分享自己的事和人生閱歷，雖然自己沒有這些人生經驗，但有些想法與態度都可以借鏡⋯⋯豐富了自己的知識，擴大了我個人的版圖，令我更有好奇心地繼續去尋找、去了解更多資訊，過程真是好開心、好滿足。」（頁112）

現今資訊科技發達，幼兒園開始已經需要在網路上找尋資料（雖然很多時候都是大人代勞，視之為「親子時間」）。軒老師說：

「生活太多侷限，每天都忙於上學、溫習及做作業⋯⋯在網路上可以好快好準確地找到不同的圖片及資訊，在好奇心推動下找到想找的東西⋯⋯網路世界上的資源共享，就似你一個人離鄉背井了幾十年，當你有需要回這故鄉，就算它不認識你，你都有種熟悉又懷念的感覺。」（頁113）

從軒老師處學到的還有很多很多的智慧：

「人生就好像疊LEGO (樂高)一樣，父母給予你一大塊底板，自己之後就要在人生的每一步，將不同經驗、學習、感受等等慢慢堆疊在底板上，慢慢堆積你的人生路。當中，我亦會

參考別人的智慧和知識,如我有相同的LEGO,我也會送給其他人,讓大家都可分享到不同的經驗,豐富自己的版圖。」(頁119)

他懂得在網路世界怎樣保護自己,也有很多與網友的溝通技巧,避免比較,「我希望大家是平等的,不會有一高一低,於是他可以做自己,講他自己想講的事」。(頁119)我們也發現他擁有的價值信念,包括幫助別人及重視人與人的相處、溝通和在一起的時間。

我想起他說,「一般人會評價我們(他和網友)好像被困在箱子裡」,他反過來說他們就如「一把鎖匙」,可以打開箱子,讓更多人認識網路世界是什麼。再看他的故事和我倆的對話,內心感動不已,在此再次感謝軒老師的教導、引導和給我的禮遇,讓我更深信每個人的故事都包含珍貴的意義、智慧和價值信念,我們豈能不謙虛地細心聆聽、學習和回應?

Sam的教導——「是我自己做到的」

Joshua Hanan,一位從兒時開始便貼上「自閉」標籤的作者提醒我們制度權力(institutional power)、分類思維和身分及精神科學對兒童「正常」成長的影響(Hanan, 2018)。加拿大的「重說故事計畫」(Re-storying Project)(Douglas & Rice, 2021)宗旨為「沒有我們的參與,就不要為我們做決定」(nothing about us without us),值得我們仿效。這個行

動計畫（participatory action research）邀請了到「自閉」標籤的人士、他們的老師和家長參與。計畫先諮商被註上標籤的個人，隨後舉辦不同的工作坊讓他們說故事，當中涉及各人受到的影響、各人的智慧，呈現各人的偏好生活，訪談過程製成錄影帶。我想像如果邀請Sam來一個公開「重說故事」的工作坊，當然工作坊前我會與他詳談，諮詢他想分享和教導我們的東西，並確保工作坊是在尊重、謙卑、去中心、不帶任何判斷假設的環境下進行，這會是一個美妙的學習過程，當然Sam是我（們）的老師。

如果可以再見到Sam該有多好，我便有機會知道在與他見面多年後，他可有過著所盼望的「自立獨立」的生活？我也可以親自告訴他：「您對於我探索和發展敘事實踐的旅程有莫大的貢獻啊！」

不知道他聽後會有什麼反應？對他可有什麼影響？相信會是好的影響吧，哈哈！

如果Sam遇到生活上的各種挑戰，他會被這些困難壓倒嗎？還是他會分享如何擊破挑戰，並帶著那使人無法忘懷的驕傲面容和語調、抬起頭望著我說：「是我自己做到的。」

Sam第一次前來時，使我印象深刻的是一個小時的會面當中，他差不多都是低著頭簡單回應。阿榮（見第一章）教曉我不要以為抬頭、眼神接觸才是「正常」的談話姿態，重要的是

耐心聆聽Sam的故事，讓他的經歷發聲。

受盡責罰與霸凌

聽到他說在學校因為「控制不了」的行為令他經常受到訓導老師責罰、成為被取笑和霸凌的對象、學校老師因經常接獲其他家長投訴他「打同學」而聯絡他父母，這讓我想起阿榮的經驗（見第一章），內心出現一陣一陣的痛楚。他憶起無數次被投訴、記缺點、記大過、警告信上「寫我違規、寫我曾經做錯了什麼」仍然使他感到驚慌，因為父母會立即責罵他、命令他「不要亂來」，他也看到父母不高興和不開心的樣子。

Sam提到自幼兒園開始，父母便帶他訪盡名醫、試遍不同的藥方都未見效。初小那一年，父母把他送到加拿大的姨母處，希望找到醫治亞斯伯格的藥物。他說這個時期是他讀書生涯最快樂的時光，他憶述第一天上學「小朋友一齊拍手歡迎我、會與我玩耍、不會取笑我」的那一刻面露笑容，在那裡他經驗到「接納」和「尊重」。可醫生們也拿亞斯伯格沒辦法，一年後他返回香港，繼續過受責罰和霸凌的學校生活。

父母與Sam就讀中學的校長相熟，他畢業後便留在該校當雜工。與我第二次會面開始時，他回憶從前被「太開心」、「與同學玩得過火了」、「心理問題」、「衝突」、「針對」、「刺激」、「想不通」、「放不下」、「與同學吵架」等影響，加上對「老師在人前大聲指責」感到不服氣，人變得

「不穩定」了。我正感到好奇是什麼讓那些片段重現他腦海之際，Sam說他當天下午經驗了「他們說我這幾天不大穩定」。

「不大穩定」在說話：關心別人被阻礙了

Sam：可是這幾天，她說我不大穩定。

　秦：嗯嗯。

Sam：今天學校的校監來探訪學生，我就控制不了。

　秦：你想談談嗎？

Sam：控制不了，過度開心。

　秦：是怎樣的？請您說一說怎樣叫做「過度開心」？

Sam：他們完成高中，要走了。

　秦：嗯嗯。

Sam：祝捷會嘛，他們要走了。

　秦：哦。

Sam：考完試便離開。

　秦：哪怎樣？

Sam：開心啦，中七了。

　秦：讓您開心的是什麼？

Sam：由初中到高中，唸書很辛苦。完成了，可以離開，為他們感到辛苦。

　秦：是這樣。

Sam：所以校監來探訪學生，便問他們「辛苦嗎？」。

　秦：哪怎樣？

Sam：所以同事說校監來，叫我斯文一點。

　秦：是校監來之前？

Sam：老師今天跟我說。

秦：什麼時候？

Sam：早上。

秦：校監什麼時候到來？

Sam：下午四點。

秦：同事叫您斯文一點的時候，您有什麼反應？

Sam：聽了沒理會，沒事一樣。

秦：沒有影響你有開心，或者不開心？

Sam：沒有。但今早談話中，就開始不穩定了。

秦：嗯。

Sam：接著她進來校務處，聽到我與老師吵架，她已提醒我了，她叫我不要那樣。

秦：嗯嗯。

Sam：她叫我不要太開心。

秦：哦，聽你這麼說，當時是很開心吧。

Sam：對。

秦：是什麼令到您那麼開心？

Sam：……看見高中的學生，長大啦，他們要走了。

秦：見到您有笑容啊，是什麼？

Sam：可能了解學生，明白他們。他們完成高中了。

秦：您對他們了解到什麼？

Sam：考試辛苦啦，一星期六天的課差不多完結了，今年的課應該完結了。

秦：那您為他們感到開心的是什麼？

Sam：為他們開心的是什麼？他們要走了。

秦：嗯。

Sam：他們開始找工作了。

秦：嗯嗯。

Sam：長大了。

秦：找工作。

Sam：對。

秦：長大了。

Sam：對。

秦：有一個完結、找工作、長大了，對您來說為什麼重要？讓您開心呢？

Sam：他們可能會唸大學嘛。

秦：唸大學。

Sam：我問中七的學生，有沒有考慮唸大學，他回答說有這個考慮。

秦：是嗎？您與他們聊天。

Sam：有聊天。

秦：為什麼您與他們聊？

Sam：問他完成中七，有沒有考慮唸大學？

秦：是嗎？

Sam：他說有考慮。

秦：是什麼讓您會問他們這個？

Sam：關心他們嘛。

秦：你想關心他們。

Sam：關心他們而已。

秦：您跟多少位中七同學聊？

Sam：幾個而已。

　秦：幾多位？

Sam：很少。

　秦：嗯。

Sam：嗯。

　秦：您是怎樣揀選跟哪一位聊的？

Sam：沒有揀選的。

　秦：那您是怎樣遇到他們的？可以聊這個，可以關心他們。

Sam：在體育場遇見他。

　秦：嗯嗯。

Sam：問中七的學生。

　秦：是嗎？那我是否可以說是您主動關心中七的同學？

Sam：是我主動的。

　秦：是嗎？嘩！

Sam：對呀。

　秦：怎樣使這個「主動」出現？

Sam：主動呀。

　秦：嗯。

Sam：是我自己學習主動，跟人聊。

　秦：這是您所學習的。

Sam：對呀。

　秦：嗯嗯。這個「學習主動」是什麼時候開始的？

Sam：最近的事。

　秦：最近嗎？

Sam：嗯。

秦：是什麼時候？

Sam：上一個星期。

　　學校的輔導老師兩天前告訴Sam這天可以在家休息，不用上班。他追問後知道是校監到訪，便說一定要上班，他很希望讓校監知道同學們「讀書辛苦了」。細聽下，老師請他留在教職員辦公室不要外出阻礙校監探訪，「不大穩定」是興奮和期待被暫停，衝突便出現。

　　社工師王姑娘的見證讓我們聽到Sam遇到興奮、不服氣或不開心時，他會去洗手間洗洗臉、深呼吸以回到冷靜；他也會發短訊、寫信給他信任的人。王姑娘繼續說「他主動接觸人，跟人做朋友，好努力跟人好好相處。他很想關心別人，是一個善良、守信用的人。」這下子我才知道Sam當天本不想應約，最後他吸一口氣便決定前來。

　　王姑娘的見證為Sam帶來「好的感覺」，讓他感到開心的是他用自己的方法解決事情，洗洗臉可以使「腦袋懂得轉彎」。他並沒有後悔到來，過程讓他有開心的感覺；能夠把困難訴說，他說「舒服和開朗了」。

笑容在說話：「空間和自由」、「決定目標」

　　與Sam的第三次面談為我帶來很多喜悅。他的「主動」再一次感動我，他獨自前來赴約，並告訴我他本相約兩位青年中心認識的志工朋友來見證他的故事，只可惜二人均未下班只好

作罷。他臉上掛著的笑容和眼神都在告訴我，他清楚自己想要的是「空間自由」、「定了目標」。

興趣班的一位老師受到不公平對待，Sam「細心聆聽」，回家把事件告訴父母並得到他們的支持後，他主動投訴另一位興趣班老師，為前者抱不平，同時希望被投訴的老師有反省的機會。對於不公平的事件縱有不舒服的感覺，Sam學習「忍耐」，「忍著」沒讓憤怒走出來。我像目睹這位學習聆聽的專家為公平發聲，若我能早點從他身上學到「忍耐」，以往處理不公平的人際事件時可能不會碰上那麼多釘子。

Sam繼續讓自己發聲。他告訴我他跟自己說「可以應付、控制的」，他也組織了發生的事「逐步逐步、慢慢地一句一句」告訴父母，希望父母明白他。得到父母的認同讓他感到舒服，亦知道父母「在意、疼愛、幫助、保護」他，這是「好的感覺」。

接著Sam談到母親因為他夜歸不能入睡，會打電話「催促」他回家：

Sam：有時候我週末夜歸就好關心我、愛我⋯⋯媽媽會不能入
　　　睡，不知道我在哪裡她會感到害怕。
　秦：那您怎樣看？
Sam：我覺得不太好，父母打電話催促我，問我在哪裡，為什
　　　麼還沒回家。我回答媽媽我覺得好煩，不讓我想什麼時

候回家便什麼時候回家，我沒有空間自由。

秦：聽您這麼說……（話還未說完）

Sam：我正與中心的志工朋友吃宵夜。

秦：嗯嗯。

Sam：我想要點空間，想在外做自己想做的，定自己的目標，做喜歡的事。

秦：例如呢？

Sam：與志工朋友有說有笑的，我好開心。

秦：您們聊什麼？

Sam邊說與他們談工作、娛樂消遣之際，臉上掛了笑容，望著我的眼睛也在笑。我好奇笑容代表什麼？

Sam：開心吧，一齊唱歌好開心。我也邀請了中學的兩個同學參加。

秦：您會怎樣形容與他們的關係？

Sam：與這些朋友(指志工朋友)相處一年多沒有問題呀，沒有衝突、沒有吵架、打架，彼此不開心的事從來沒有發生。

秦：是什麼讓吵架打架沒有出現？

Sam：與他們閒聊、傾訴，我不會有太大壓力。

Sam繼續談到那兩位志工主動與他交談。

秦：是什麼讓他們主動與您傾談？

Sam：主動傾談。

　秦：為什麼他們會主動與您傾談？

Sam：怎樣說呢？他們見我好友善、斯文、不會說不好的話、
　　　沒有污言穢語，一點兒都沒有。

　秦：還有嗎？友善、斯文，他們還會說是什麼使他們主動與
　　　Sam傾談？

Sam：跟人打招呼、有禮貌？

　秦：還有什麼吸引他倆？

Sam：和諧。

　　那麼若是兩位志工聽到Sam說與他倆可以交談，他倆會有
什麼回應？話未說完Sam已回答說「好開心啦」，他滿有信心
地說會保持好朋友關係，認真地、小心地說話等。

　　Sam還保持了「主動」，他告訴我春節與父母到韓國旅行
回來後「好開心」依然持續著，除了細緻描述那幾天的行程之
外，臉上再次掛著笑容。Sam解釋笑容的意義：「我自己住單
人房間沒有害怕，好勇敢，自己獨立到、經歷到、體驗到⋯⋯
我自己起床、梳洗，自己用一個行李箱。從前是與父母共用行
李箱，現在我長大了，自己珍惜一下。不能夠整天纏著父母。
我21歲了，長大啦。每個人都要有空間。」

　　在「沒有理由總是讓父母幫我安排計畫、幫我定目標，我
並不同意這樣」的驅動下，Sam初次嘗試「自己決定」，也達
成「讓父母好感動」的目標。

實踐獨立

秦：您說定了目標，為什麼重要？

Sam：哪一方面重要？

秦：定目標跟中心的其他志工一起到內地探訪兒童院。

Sam：這次我自己定計畫的。

秦：嗯嗯。

Sam：定了計畫，我自己一個人跟隨志工服務團前往。

秦：是什麼力量？

Sam：報名後我把事情告訴父母。

秦：聽您說得好肯定。您剛說一個人去報名的，從哪裡來的力量？

Sam：從來沒有，這次突然自己一個人去，跟隨志工團去。

秦：哪裡來的力量？

Sam：那個力量是從我自己經常說「我想獨立，我想獨立」，去哪裡是我自己想到的，便告訴父母。

秦：聽到您這麼說，讓我也好開心。

Sam：哈哈，是的是的。

秦：有個力量使您決定。

　　Sam形容決定跟隨青年中心的志工團隊到內地探訪兒童院是一件「好事」，這個「我自己想怎樣做便去做」是Sam從沒有試過的事情。他回家告訴父母已經報名，父母都贊成他的決定，讓父母感動的是他「長大」了，他們說「好開心」。

本打算感謝Sam分享這個「開心」的經歷後完結這一次的
對話，Sam說還有東西要說：「校長說好滿意我的工作，決定
增加我的薪金，加添一些工作。我好開心、好感動。」我好奇
這對他來說有什麼意義？他回應：「我有能力，應付得了。是
辛苦的，不過都堅持去做，結果可以完成。」

　　我們第四次，也是最後一次會談那天，Sam仔細描述探訪
兒童院的經驗。他說這個經驗讓他學到的是「難得自己一個人
去，第一次離開父母好開心」。是什麼讓他開心？「喜歡自己
自立獨立」、「學習成長」、「照顧自己」。除此之外，工作
穩定了、脾氣較少出現、效率高了、與各人相處融洽，都使他
感到舒服、開心、興奮，父母也沒有收到校方投訴，他們都好
開心，爸爸還跟他說「不錯呀，繼續努力」，家庭氣氛好多
了。老師都說他「成熟」了。總結了讓Sam感動的「善意讚
許」後，我問：「你會形容自己是怎樣的一位Sam？」

Sam：積極、有才幹、有才能、發奮、有才華、有本事、謙虛
　　　謙卑、馴服、助人。

　　Sam還訂立了另一個目標：他從報章看到另一間青年中心
的一個臺灣十天交流計畫，他成了第一名報名參加的志工。
「這次我自己出錢、我自己負責、自己辦妥。」他有信心爸爸
定會說他「進步了」。

　　這是我們最後一次面談，我們沒有約定什麼時候再見面，

Sam也沒有再與我聯絡。我想像他已經找到生活目標、他希望的生活、他所盼望的「空間自由」、「獨立」及他的偏好身分，如他所說的「長大了」，可以自己決定去做他想做的事。

我們沒有機會聽到Sam的兩位志工朋友及他參加的探訪團和交流團的隊友見證一位怎樣的Sam，我倒有一個強烈的信念，就是他定帶著發現及重新連繫的偏好身分與這些伙伴一起學習、為別人的生命貢獻。

就如艾普斯頓及懷特（1992）提到敘事對話結束時，來訪者進入「重整期」（reincorporation phase）。在個人對話或小組活動裡，青年人同樣由顧客的身分重新定位到顧問的身分。

通過儀禮（Rite of Passage）——從顧客身分到顧問身分

敘事實踐不欲把對話分為階段性的結構模式，但懷特在不同著作裡都引用人類學家阿諾爾德·范亨內普（Arnold Van Gennep）的通過儀禮（rite of passage），喻意敘事實踐的過程也可大致分為三個階段（phase），以促進來訪者從問題身分逐漸過渡到偏好身分、從當事人或顧客（client）身分過渡到顧問（consultant）身分（Epston & White, 1992; White, 1997）：

1. 分離階段（separation phase）：原本處於「知道和熟悉」（known and familiar）及理所當然（taken-for-granted）的問題

故事裡，透過外化問題對話，主角逐漸與問題分開，進入另一國度。

2. 徜徉階段（liminal phase）：這是讓人感到混亂疑惑的時期，主角在問題和偏好兩個位置之間徘徊，時而停留在熟悉的世界——充斥著問題的境內，時而撥開生活困境的霧霾，走入探索在地知識和可能性的園地。

3. 重整階段（reincorporation phase）：儀禮即將結束，主角帶著偏好身分，以不一樣的位置重新立足其熟悉的世界。重整階段亦意味著主角成功跟以往的生活達成磋商，過渡到新生活。主角及諮商師不分階級、年齡、性別、位置、身分，成為維克多·威特·特納（Victor Witter Turner）所言的共同體（communitas）。

Sam不是也讓我跟他一同經歷了一趟通過儀禮嗎？我們起步時，他帶著以往的「受霸凌」、「受取笑」、「被投訴」、「被責罰」的問題片段及「有脾氣」、「情緒不大穩定」的身分，透過外化對話，他看到問題對他的影響，原來「脾氣」和「不穩定」在告訴大家的可能是「興奮」、「期待」、「不被聽到」或「不服氣」出現了。他也回憶在加拿大上學時經驗到的「接納」和「尊重」——他偏好的片段。

徜徉階段可見於Sam在我們第二次見面時憶述從前及見面當天使他「不大穩定」的事件，隨著他仔細描述當天他多麼期

望告訴校監高中同學們的學習經驗，王姑娘見證他是一位「關心別人、善良、守信用的人」。縱然仍會受到刺激的影響而令情緒不受控制，Sam同時意識到他在不斷學習，並擁有多樣策略控制這些他不喜歡的情緒。

與父母旅遊時能夠自己住一個房間、自己用一個行李箱、自己照顧自己，激勵了Sam主動作出「好事」，向他盼望的「自立獨立」進發。在往後的兩次會談，他一再證明他的主動、自己定下目標、實行目標，包括跟隨青年中心的志工團到內地為兒童送暖、第一位報名參加另一個青年中心的交流團。Sam同時重整身分，重遇「積極、有才幹、有才能、發奮、有才華、有本事、謙虛謙卑、馴服、助人」的特質，與青年中心的朋友形成另一共同體。

共行旅程在我倆第四次面談後，由Sam決定畫上句號。我深信他帶著重整的偏好身分朝著「自己決定的目標」和「獨立生活」的方向走；受到他的故事和可能性的鼓勵，我也繼續與不同顧問團隊探索綑綁他們的問題以外的偏好身分。

鵬鵬和軒老師熱愛網路世界，被認為是有成癮問題的青年人。與他們的接觸和對話，同樣經歷了「通過儀禮」。我們重新定位，我不是專家，他們才是專家，開闊了我的視野，他倆不僅教會我一些網路遊戲的玩法及當中的智慧，同時讓我有機會發現他們的價值信念和世界觀。鵬鵬有創意，自己決定長大的目標；軒老師在生活裡正實踐「平等」的人際溝通、樂於分

享和助人。兩位專家毫不吝嗇展現他們的專長、個人特質，有很多我可以學習的地方，對我的悉心教導此生難忘。

青年人為顧問專家

大衛・馬斯頓（David Marsten）、大衛・艾普斯頓（David Epston）及麗莎・約翰遜（Lisa Johnson）的文章（2012）有兩點特別觸動我：

1. 大衛・馬斯頓描述一部美國電視劇《波特萊爾的冒險》（A series of unfortunate events）裡三名青少年的父母在一場火災中喪生，他們頓時成為孤兒，他們解決問題、面對死亡的智慧及勇敢成為佳話。三人的經歷異於一般的青少年，他們遇到的危難也非我們可以想像，馬斯頓的疑問是：我們能夠真正看到他們遇到的現實（reality）嗎？我清楚知道我永遠不能夠明瞭或掌握青年人的現實。

2. 成年人高深的學問（higher learning）往往使我們與青年人保持極大距離，這些學問並不是與青年人一起發現的。馬斯頓提出，我們怎樣才能支持和認可（認同）青年人的知識（legitimation of young people's knowledge）（頁75）、尊重他們說故事的權利及置青年人經驗的現實和真理於中心（頁78），好讓青年人可以踏進其他可能的國度（other possible world）？我想像那當是他們希望的國度，而我們都是從他們的故事中學習到可能性。

雖然一直沒有機會在結束諮商後正式邀請青年人實踐「請教顧問」（consulting the consultant）的面談（Masten, Epston & Johnson, 2011）和進行共行研究（co-research），但與大家相遇的過程我獲益良多。跟其他准許我記載他們故事的青年人一樣，鵬鵬、軒老師和Sam希望他們的經驗能夠幫助其他遇到類似困境的人找到希望。

2005年澳洲雪梨發生的大暴動（Cronulla riots）始於兩群似是不同種族的青年人的肢體碰撞，事件發展為第二天的5000人聚集，爆發襲擊和刺傷。探索不同種族群體青年人、盼望減少種族歧視是杜維曲中心其中一個計劃，因為事件發生在沙灘，計畫便以青年人的「求生術」（life-saving tips）為主題，諮商青年人抵抗挑戰、如何打退成功之眼（eyes of success），以及他們的智慧和策略，並就12個發現製作成視頻供人收看（Dulwich Centre Foundation, 2011）。

透過貼近兒少喜歡的板球活動，Louise Carmichael 及 David Denborough（2015）提供空間讓居於印度一男童院的10至17歲兒少發現各人在困境中自我保護的策略，從他們喜愛板球到發展各人生命中珍貴的事物、價值信念。

這讓我想起自2005年開始，得到一些社福機構的邀請，我與一些實踐敘事的朋友，如本書的作者之一黃恩澤、《重新詮釋人生風景》的作者之一梁敬瑞，都曾經參與相關的共行研究計畫，當然這些研究都得到青年們的特許，得到這些生命顧問

的帶領。

青年顧問帶領的敘事共行研究（Narrative co-research）

看到「研究」兩個字不知道您聯想到什麼？觀察、問卷、團體或個別訪談、統計、分析、結果、報告……？敘事共行研究是怎樣一回事？

好一段時間受邀進行「研究」都會使我困惑，一方面很想與社福機構合作聽到青年人的聲音，可另一方面對社會各界信服的統計學、實證研究等認識膚淺。努力學習後便拍拍胸口嘗試，無奈自覺不懂箇中的奧秘。質性研究倒與我希望聽到個人的獨特經驗吻合，加上它逐漸受到少許認可，造就我有機會多作嘗試。

提到研究，不同的研究（Carnevale, 2020; Facca, Gadstone &Teachman, 2020; Pincock & Jones, 2020）都強調我們並非研究兒童。兒少不是被研究的客體，他們是社會活躍、主動的一份子，是主體。可是享有權力比成年人薄弱的兒少往往在社會裡和研究領域裡被邊緣化、被去聲。我們得尊重兒少的經驗及他們關注的事物、肯定他們以擴大兒少的能力、挑戰把兒少推向邊緣的結構和規範。這並非代表我們站在「給予年輕人權力」（empower young people）的位置，而是與兒少一同研究，讓年輕人樂於發聲，豐厚化（thicken）他們的經驗。就如杜維曲中心一樣，捕捉兒少的聲音。

Ungar（2001）引述一些研究的結果，青年人有機會訴說所經驗的挑戰，「健康」的青年、有精神健康問題或高危青年的抗逆能力並沒有差異。當青年人的聲音享有特權（voices become privileged）便不難發現「行為」（即便是主流描述的問題行為）的獨特性及對青年人的裨益。

　　大衛・艾普斯頓在文章（2014）十分認同加拿大精神科醫生及家庭治療員Karl Tomm到紐西蘭探訪他時曾說的「大衛，你總是在做研究啊」（David, you do research all the time）。艾普斯頓認為面談就是做民族志（ethnography）的研究，並把個人的主觀生活經驗和生命記載成文本。

　　艾普斯頓（1999）質疑被認為擁有的專家知識（expert knowledge）、個人的內在知識（insider knowledge）往往消失在專業文檔裡——被封存；並且，他詢問自己可以怎樣請求人們停止求助，而是向自己和別人尋求解方？如果我們提供的不再是「奇蹟的療癒」（miracle cure），我們可以怎樣與別人和問題建立不一樣的關係？（頁141）

　　艾普斯頓選擇了「共行研究」的隱喻，邀請來訪者在重寫生命故事對話的過程「共同生產」（co-produce）。在接受大衛・丹博羅（David Denborough）的一個訪問裡（Denborough, 2001），艾普斯頓強調與主角「共同創造」（co-create）另類知識（alternative knowledge），繼而製成資料庫（archive），就如圖書館一樣，他認為知識並不是私人服務，是一項公共服

務，那麼主角經驗的資料庫一來可讓主角儲存知識，二來亦可貢獻給別人的生命。

根據艾普斯頓及懷特（1992），敘事共行研究是以前來諮商的個人為顧問，我們採取一個諮商這位顧問的故事的位置，「是一位與個人一同探索生命故事、個人對生活經驗的演繹的研究員，顧問和諮商師是研究的伙伴」（秦安琪，2014，頁19）。今天還記得初次閱讀有關共行研究的概念使我雀躍。對呀，敘事對話不就是與主角專家一同研究他經驗的生命嗎？

是的，與青年人專家的共行歲月裡，我學習到、體會到的讓我銘記一生，他們給予我的經驗著實非筆墨能夠形容，只能送上衷心的感謝和無限的祝福。

參考文獻

香港青年協會及香港浸會大學青年研究實踐中心（2016）。**真・網・樂：從敘事實踐看青少年的「迷網」框外**。香港青年協會。

秦安琪（2014）。**生命盼望與對抗「性侵犯他人問題」──敘事共行研究**。明愛朗天計劃-性健康重建服務及香港浸會大學青年研究實踐中心。

Anderson- Giberson, D. (2016). What's in a game? Narrative therapy approaches with people who have relationships with gaming and online communities. *International Journal of Narrative Therapy and Community Work*, No.2, 65-76.

Carenevale, F.A. (2020). A "thick" conception of children's voices: A hermeneutical framework for childhood research. *International Journal of Qualitative Research*, 19, 1-9. DOI: 10.1177/1609406920933767

Carmichael, L. & Denborough, D. (2015). Listening for alternative stories: Narrative practice with vulnerable children and young people in India. *International Journal of Narrative Therapy and Community Work*, No.1, 57-99.

Denborough, D. (2001). Enthropology, archives, co-research and narrative therapy: An interview with David Epston. In D. Denborough (Ed.), *Family therapy: Exploring the field's past, present & possible futures*, pp. 177-182. Dulwich Centre Publications.

Denborough, D. (2014). *Re-telling the stories of our lives: Everyday narrative therapy to draw inspiration and transform experience.* W. W. Norton.

Dinc, M. (2019). Living like playing: Working with online gamers from a narrative therapy perspective. *International Journal of Narrative Therapy and Community Work*, No.2, 49-57.

Douglas, P. & Rice, C. (2021). Re•Storying Autism: An interview with Patty Douglas and Carla Rice. Interviewed by David Denborough. *Journal of Narrative Therapy and Community Work*, (2), 23-51.

Dulwich Centre Foundation (2011). *Life-saving tips: Special skills and knowledge from young Australians.* Dulwich Centre Publications. Retrieved from www.dulwichcentre.com.au/life-saving-tips.html

Epston, D. (1999). Co-research: The making of an alternative knowledge. In Dulwich Centre Publications, *Narrative therapy and community work: A conference collection*, pp.137-157. Dulwich Centre Publications.

Epston, D. (2014). Ethnography, co-research and insider-knowledges. *Australian and New Zealand Journal of Family Therapy*, 35, 105-109. doi: 10.1002/anzf.1048

Epston, D. & White, M. (1992). Consulting the consultants: The documentation of alternative knowledges. In Dulwich Centre Publications, *Experience, contradiction narrative & imagination*, pp.11-26. Author.

Facaa, D., Gladstone, B. & Teachman, G. (2020). Working the limits of "giving voice" to children: A critical conceptual review. *International Journal of Qualitative Methods*, 19, 1-10. DOI: 10.1177/1609406920933391

Hanan, J.S. (2018). Subjects of technology: An auto-archeology of attention deficit disorder in neoliberal time(s). *Cultural Studies ↔ Critical Methodologies*, 1-11. DOI: 10.1177/1532708618807264

Marsten, D., Epston, D. & Johnson, L. (2011). Consulting the consultants, revisited. *International Journal of Narrative Therapy and Community Work*, No.3, 57-71.

Marsten, D., Epston, D. & Johnson, L. (2012). The Corner: One good story deserves another. *Journal of Systemic Therapies*, 30(2), 71-88.

Nyirinkwaya, S. (2020). Games, activities and narrative practice: Enabling sparks to emerge in conversations with children and young people who have experienced hard times. *International Journal of Narrative Therapy and Community Work*, No.1, 34-45.

Pincock, K. & Jones, N. (2020). Challenging power dynamics and eliciting marginalized adolescent voices through qualitative methods. *International Journal of Qualitative Research*, 19, 1-11. DOI: 10.1177/1609406920958895

Ungar, M.T. (2001). Constructing narratives of resilience with high-risk youth. *Journal of Systemic Therapy*, 20(2), 58-73.

White, M. (1997). Challenging the culture of consumption: Rites of passage and communities of acknowledgement. *Dulwich Centre Newsletter*, Nos 2 & 3, 38-47.

第七章　運用「問題外化」實踐於物質成癮狀態中的青年人及其家人

柯麗珊

　　此文講述筆者過往前線工作、認識敘事及運用敘事的心路歷程，實踐分享將分為兩部分，主要集中在運用「外化」概念於曾有成癮行為的青少年及其家人。阿寶是一名使用「冰毒」的青年人，在一節面談中透過「問題外化」，阿寶把「冰毒」名為「黑仔」，並開始探索「黑仔」與自己的關係，探索其過去的生活中曾拒絕「黑仔」的經驗。此外，另一個實踐分享是一節家長小組，運用了「問題外化」與家長一起探索藥物「阿鬼」是如何吸引子女，過程中他們發現子女的需要，家長也探索他們存有的智慧，並分享應對「阿鬼」的智慧及如何與子女相處，同時，筆者也為這些實踐再度作自我反思並提出建議。此外，筆者也分享了運用敘事概念撰寫的一本曾有用藥行為的青年人成為親職身份的經驗故事集，如何重新透過探索和分享他們存有的信念、智慧及盼望等作為過渡成親職的力量來源。最後，文中也分享敘事如何為筆者帶來新的啟發，再思考怎樣以新視角重看青年人，而這些新視角如何為筆者的介入實踐帶來新的可能性。

處於物質成癮狀態中的青年人的需要

還記得當時作為外展社工的開頭七年，常需要在週末的黃金時間外展，到跨境大堂或夜場去接觸被社會認為是「高危邊緣的青年人」，特別是使用違禁藥物的青年人。然而，面對要辯識潛在個案的任務，我的經驗是要掌握青年人的次文化，讓他們感受到我並非站在道德模式（moral model）上去看待他們，還要跟他們探索如何減低傷害（harm reduction）的方法，「怎樣都好，請要保住生命」、「『冰』（甲基安非他命／甲基苯丙胺Methamphetamine[1]）會導致脫水便秘，可以就吃多點水果、喝多點水」、「『索K』（氯胺酮 Ketmain[2]）就使用生理鹽水洗鼻子」……要辨識對方有沒有用藥，或是要取得對方的聯絡電話，如何吸引他們與我再次見面，以及如何與低動機的服務對象建立關係，多年操練的我可以說是有把握的，也建立了自己的策略。可是有一個困惑，當初步建立關係後，常會有一種不確定感，我要帶他們往哪裡去？要怎樣讓他逐漸停藥？擺脫成癮行為？讓他們找到一份全職工作？讓他們與家人重建良好關係？一堆的論述時不時便冒出來，彷彿在吹哨子

---

1 甲基安非他命／甲基苯丙胺Methamphetamine：屬興奮劑，呈白色或粉紅色結晶，主要由麻黃素合成，使用後會出現欣快感的錯覺，一種自信、極度活躍與精力旺盛的快感（強烈的感覺），故吸食後會有想要繼續使用的強烈渴望，通常這些藥物的藥效是6到8小時，但有時會長達24小時。

2 氯胺酮Ketmaine：是一種中樞神經系統抑制劑，呈白色粉末，較常由鼻孔直接吸入，吸食後會產生一種「分離」的幻覺，令吸食者感到靈魂出竅，通常這感覺會持續數小時，它亦影響大部分感官接收，引致短期失憶。

般，會使我著急起來，「他成癮程度怎樣？」、「上次提及到停藥的計劃，這星期怎樣？」、「上次面談說好我們今天談談找工作情況？」，青年人往往很快回應「請不要來這套，我並不是要輔導！」這些論述會使我有時著急起來，當然是出於好心，可是，也讓不少青年人因感到壓力而抵抗、沉默，或是駁斥，缺席也是常見的抵抗行為，當然作為社工的我寧願怎麼樣，也不希望他們缺席，因為缺席是中斷連結，這相信也是很多助人者最不想看到的事。同時，這些經驗也讓我反思到這份著急同樣會窒礙「實踐從案主角度出發（start where they are）」的原則。

筆者就讀碩士課程時，常聽到老師們提及一個概念，我們有沒有嘗試把青年人當成故事主人翁，他們才是主體（subject）。當我們面談時是誰定義面談的內容？誰為他們進行單向性評估？這些問題讓我回想很多時候青年人不想成為受體（object）的種種畫面，他們是如何被定型、被標籤，甚至像烙印般被汙名化（stigma），真是當頭棒喝，因為以往我也犯過同樣錯誤。

正如Erving Goffman同樣認為社會透過符號（symbols），又稱為「象徵」，而形成社會的訊息，使人們也習慣性地尋找與接收這些符號，同時讓個人充分意識到其他人如何看待他的缺陷，這也會無可避免地迫使個人承認這些缺陷，當事人會因此感到羞愧（shame），甚至會引發自我憎恨與自我貶抑，同時，他們也會從汙名群體中結伴（Goffman, 2016, p.53）。不

論是身體方面，身體畸形或缺陷，抑或對種族、國族與宗教的汙名，信念可以透過血統來傳遞；最後是被認為具有薄弱的意志，甚至因性格缺失引致行為，如精神異常、囚犯、藥癮、酗酒、同性戀、自殺未遂等。

然而，關於標籤及汙名怎樣影響一個人，或許可從「自我規訓」說起，18世紀邊沁發展的圓形監獄，當時被認為是「理想」模式，把管理囚犯的成本降到最低，把效率推到最高，十分符合經濟效益。監獄中庭放置監視塔，內駐有獄卒，能從監視塔中監視每一個囚房的所有活動。重點是，囚房中的人永遠看不見獄卒，因為監視塔精心設置的門、窗，使囚房中的人永遠不知道監視塔內部發生什麼，所有囚房的人都假設獄卒正在注視他們，作為永遠被監視的對象，繼而人會透過「正常化的判斷」（normalizing judgment），覺得自己隨時在各種組織和準則的監管之下，形成自我規訓（self discipline）（Faucaut, 1979; White, 2001）。縱使邊沁的圓形監獄的用途有限，僅限於醫院、監獄等，且效果也不如原先所宣稱的，傅柯認為這種規訓的壓制在現在社會仍然運作，當人沒有達到要求標準，或者任務失敗，同樣會受到道德判斷的懲罰而自我規訓（self discipline）（White, 2001）。

腦海立刻浮現我所接觸的青年人，特別是到了沉溺狀態，即是除了睡覺以外，都與藥物在一起的狀態，因為社會對成癮者的論述「道友」、「廢人」、「失敗者」、「無能」、「非正常標準人」、「一無是處」，青年人也相同地會用這些詞語

來罵自己,「我還可以怎樣?我沒有路走,我不配有好的工作,不配找到伴侶,不配成家立業,就讓我繼續吧。」外界的論述也讓當事人內化(internalize)問題,曾有一位青年人對我說,這些聲音就像一條繩索把他勒緊,勒得透不過氣,完全沒有空間再做任何事,什麼可能性都不見了,像是低電量的手機,只要再用多一下,便會關機,這種無力感會促使他們持續使用藥物。

敘事實踐常會從探索問題對當事人的影響開始,我的經驗是過往有藥物成癮的青年人,他們是知道這行為有害的,不論是對個人、家人、工作都是有害的,所以與當事人面談時,只要讓他自主選擇主題,他們便會從問題出發,又或是其個人的問題。正如之前所說,他們受到自我規訓(self Discipline)會說出很多充滿問題內化故事,他們往往是以二元描述(binary descriptors),或是具有普遍性的論述,就用一句我過往常聽到的話來舉例,「我覺得自己好失敗」,那「失敗」是如何被定義?達不到有穩定收入、有車、有樓、成家立業等「成功」標準,便是「失敗」?似乎不少人也把這個「成功」標準視為「真理」。

敘事視角重看物質成癮狀態中的青年人

敘事治療認為「問題外化」可把當事人從內化(internalize)狀態解放出來,重新打開開闊的空間,在充滿問題的故事中,助人者重新與當事人尋找他們生涯中的獨特經驗,這能讓人產

生有能感，且讓個人把獨特經驗編寫成新的替代故事，當中充滿個人的智慧（White, 2001）。因此，也讓我思考繩索再勒緊也是於事無補，甚至對當事人構成壓迫，故此不應停留對行為的道德批判，而是反問為什麼（Why），為什麼他們明知道有負面影響仍選擇使用藥物？為什麼他們要選擇沉溺在成癮狀態中？同時，再思考鬆綁的可能性是怎樣的，因此，筆者將會與讀者分享在過往實務中運用「問題外化」的經驗，分享從中獲得的啟發及反思，也歡迎讀者們的回饋。

麥克‧懷特所提出的「人不是問題，問題才是問題」（White, 1988）能透過「外化」（externalizing）鼓勵人將壓迫他們的問題客觀化，有時候會運用擬人化，在這樣的過程當中，問題和人分開，這樣問題被視為屬於人或關係之外而變得比較容易改變，比較不束縛人（White, 2001）。外化並不是一個技巧，有其獨特價值系統和人類生活視野（Lundby, 2014）；外化是「反文化語言」（counter-cultural language），問題為個人帶來的影響和困境被物化後，個人能選擇另一個位置（秦安琪，2021，頁90）。

透過5W1H的問句，誰（Who）、什麼（What）、何時（When）、地點（Where）、為什麼（Why）、怎樣（How），由單薄的問題嘗試描述到詳細的問題出現的場景，把問題從人的裡面轉為放置到人的外面，這時，人與問題便產生距離，可讓當事人看清楚問題的特性、問題的歷史、問題的策略、問題對當事人生活不同範疇的影響，最終展示問題對人

的欺壓，提升當事人的能動性，讓其個人關注問題以外的其他可能性（秦安琪，2021）。

實踐經驗分享——阿寶

由於以下是過去筆者實踐的工作分享，故沒有進行錄音以逐字稿描述，而是透過筆者的深刻記憶及小組中的圖畫來作簡述，並與讀者分享當中的啟發及反思。

透過外化對話，為問題命名，把問題權力減低，讓個人重新獲得駕馭問題的自主權（White, 2001）。

記得我第一次運用「外化」的經驗，阿寶，是一位23歲的男生，阿寶使用「冰」（MDMA）三年，我在外展時認識的，因為他當時表達的需要是期望找工作，我讓他知道可以嘗試一起找工作，故得以持續與他見面。

當時問他如果「冰毒」有樣貌，會是怎樣的？但他當時表示不太明白，故開始時是不太成功的，那我便轉為問他，如果在這房間內選一個東西你認為是很像「冰毒」的，你會選哪一個？他當時選了一個黑色的公仔。

我當時問他：「如果為他改一個名，會想叫他什麼？」

阿寶表示叫「黑仔」。

他與問題的「距離」

- ．「那他現在是在房間什麼位置？」
- ．「為什麼是在這裡？」
- ．「那麼之前會是在哪裡？」
- ．「為什麼現在你跟黑仔距離遠了？」

　　當時阿寶便把「黑仔」放在茶几上，雙方是對視的。並說以往是在我的身上，肩膊的位置，因為貼得很近。阿寶表示選擇這種距離是因為他想與黑仔「保持距離」。

問題「出現時間」和「說話內容」

- ．「黑仔一直看著你，會不會跟你說話？」
- ．「會說什麼？」
- ．「他的容貌、聲線是怎樣的？」
- ．「什麼時候你會聽他說？什麼時候不會聽？」

　　阿寶當時表示黑仔通常會在晚上他自己一個人，無聊無事幹時，跟他說：「出來找我便有朋友，你便不會自己一個人，充滿誘惑般的樣子。」（阿寶的盼望是有朋友陪伴）

探索問題對他的影響

- ．「當你聽黑仔的話時，你會怎樣做？」
- ．「你玩『冰』時，黑仔會在做什麼？」
- ．「你想像黑仔的最終目的是什麼？」

阿寶表示聽黑仔話時，黑仔會很開心，會跳起來，玩「冰毒」時會說很棒，叫自己繼續，因為真的很開心，他看著自己與朋友在一起玩也會很開心，阿寶認為黑仔最終目的是想要他永遠陪伴他（黑仔）。

應對問題的替代故事

- 「那是否每一次你都聽黑仔的話？」
- 「什麼時候你不會聽他說？」
- 「可否分享一下當你做什麼，就能成功拒絕黑仔？」
- 「你的感覺是怎樣的？」

阿寶表示不是每一次都聽黑仔的話，當發現散「冰毒」後（指使用完冰之後的階段，青年人多分享會感覺很疲倦，需要睡很長時間，吃很多東西，情緒有時會低落），並不想工作，或是玩「冰」後朋友對自己疑心大了，也不想找朋友，或是看見自己越來越瘦，阿寶說會找一位沒有玩「冰」的舊同學，然後買啤酒在海邊聊一個晚上，感覺是舒服，至少沒有內疚的感覺。（當事人其實有意識到「冰」對自身的影響，且曾經有應對問題的有效方法，以及也回憶起一位舊同學是能協助他應對黑仔的）

反思

在擬人化時，若當事人未能理解擬人化，或是難以想像，可以在訪談環境中準備多樣的公仔模型或是圖卡，供當事人選

擇，因為這樣當事人會更容易嘗試把問題外化，繼而讓當事人可與問題進行外化的對話。其次是探索問題對當事人的影響時，可以嘗試問「如果永遠陪著他，畫面是怎樣的？」藉此促使當事人再探索「黑仔（冰毒）」對他生活的影響，這可以讓當事人更認清與問題之間的關係及期望。此外，阿寶表示當想到與朋友在海邊聊一個晚上，感覺是舒服的，因為他發現沒有內疚的感覺，反映他在用藥時會感到內疚，或許也可以再探索內疚是怎樣產生，藉此探索問題對當事人生活的影響。最後是在應對問題的替代故事中，未來可加強探索阿寶的生命會所，這位朋友是否也是他生命會所中的會員。

首先可提升當事人面談分享故事的動機——「被看見」，面談時若助人者一直只談改變，往往令他們感覺更無力，特別是沉溺的成癮行為，更可能讓當事人因未能即時停止藥物而出現抵抗，繼而轉身離去，故與青年人探索其「個人」與「毒品」的關係時，「問題外化」可以跳出問題行為對個人的網綁，探索「個人」曾經有過駕馭「毒品」的經驗，而非單單網綁於「無能者」的身分，讓當事人持續沉溺使用毒品的狀態。筆者認為也有助於當事人接受服務的動機，像是探索「什麼時候不聽毒品的話」時，發現他們十分熱衷分享這些經驗，甚至表示這從來未被談論過，可把「消極」的無力感轉化為「積極」地分享，這就是看到他們能動性（agency）的存在，且有重新「被看見」效果，這種「被看見」也會促使當事人意識自身是具有能力的，這種能力感有助於當事人意識到可選擇朝向「更好」的生活狀態。

其次是尋找青年人的智慧、減低成癮行為的傷害，使用「外化」重整個人與問題的權力關係後，這些智慧更能貼近當事人用藥狀態達到「保命」作用，意識到自己其實有能力減低毒品的傷害，此外，當事人更容易分享其對生命的盼望，存有的信念和價值，而取代被問題身份壓迫著的狀態。

實踐經驗分享——家長小組

當青年人處於物質成癮行為，除了運用「問題外化」於青年人外，筆者在前線經驗中發現運用到家庭系統也是介入的重要一環，不少家長得知子女有藥物成癮行為後，很自然會感到晴天霹靂，而二元論述會使家人一同把問題「內化」（internalize），害怕真的「不可一不可再」而陷入恐慌無助的境地，使家人也會焦慮地使用權力去制止子女的吸食行為，可是前線經驗讓我們知道，這種權力的出現是無助於吸食行為轉變，甚至會令彼此關係趨向惡化。

然而，經過外化後，一同解構「冰毒」與「子女」的關係，讓家長思考到「冰毒」（阿鬼）是怎樣吸引子女的，從中反思到子女可能有未被滿足的需要，且家人也是能重新擁有看到子女優勢的能力，包括其與子女過往的獨特經驗（unique outcome），讓家人同樣看到「人不是問題，問題才是問題」，這都有助於他們與子女的關係擁有重新發展的可能性。

筆者曾運用「問題外化」於一個家長小組中，小組的成員

都是被「癮」影響的青年人的家人，一是接受服務青年人的父母（青年人處於現有濫藥行為），二是來自主動求助的父母（青年人還未接受服務），組員比例上以這些父母較多，三是我們會邀請一位朋輩家長，朋輩家長是過往也與子女共同經歷對抗成癮行為的戰士。他們前來的目的當然是為了子女如何擺脫成癮行為這個議題而聚在一起，我會讓家長看到她／他們是子女的重要者，邀請家長們參與小組當中，一同探索可能的策略，以下是其中的一節，主題是「外化問題」。

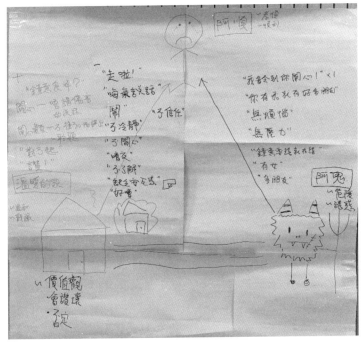

圖：家長小組進行「問題外化」時，一起畫的圖畫。

為「問題」命名

目的達致「人不是問題，問題才是問題」。
- 「如果用一種顏色代表子女玩的毒品，是什麼顏色？」
- 「為什麼會用黑色？」
- 「如果要畫一個公仔代表毒品，會是什麼樣子？」
- 「這個公仔有沒有名字？」

家長提議使用黑色，因為黑色代表「危險」。這時工作員便會問其他家長是否認同？還有沒有補充，有家長補充是代表「誘惑」。另有一位家長形容公仔需要有角，像魔鬼般，然後，有一位親自畫出了上圖的公仔。有家長將其命名為「阿鬼」，其他家長也認同。

為「青年人」命名

目的是為更能呈現人和問題保持距離。
- 「青年人又用什麼顏色？」
- 「他的表情會是怎樣的？」
- 「他叫什麼名字？名字有其背後的意思嗎？」

家長提議使用橙色，其他家長表示認同；另有不同家長說表情是：哭的、不開心的，嘴向下的；有家長提出名字叫「阿

順」;代表孝順和順利（可
見是家人對子女的期盼，或
是她的孩子是孝順的）。

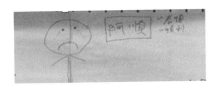

為「家人」命名

目的是呈現人和問題保持距離，這樣才能增加當事人的能
動性，他們便會更積極思考應對問題的策略。

- 「你們認為家是怎樣的顏色？」
- 「又會怎樣命名？」
- 「有沒有什麼意思？」

家長提議使用綠色，各位一致
認同，並命名為「溫暖的家」，是
代表「溫暖」（圖為「溫和」，應
該當時是寫錯了字）、「舒服」
（這也看出家人對家的盼望是溫暖
及舒服的）。

經過以上的命名後，便進入外化問題。

外化問句——探索「阿鬼」在說什麼

- 「想像阿鬼會說什麼話吸引阿順去找他？」

家長：「我會令你感到開心」（兩位家長認為「阿鬼」會

說令子女開心）、「你有我就會有好多朋友」（兩位家長認為「阿鬼」會說可以有好多朋友）、「無煩惱」、「鍾意要錢就有錢」（「想要有錢就有錢」，因為家長認為「阿鬼」會叫子女販賣毒品來賺取金錢）、「有女」（擁有伴侶）。

外化問句──探索「家」在說什麼

· 「溫暖的家平日會做什麼令阿順不想留在家中？」

家長：「走啦」、「晦氣」、「鬧」、「不冷靜」、「不關心」、「嘈交」（吵架）、「不了解」、「缺乏安全」、「好嘈」（好吵）。

· 「溫暖的家可以做什麼讓阿順少見一點阿鬼？」

家長：「鍾意食咩？」（喜歡吃什麼？）、「關心，唔講傷害的說話」（關心，不說傷害人的話）、「開心氣氛，不衝口而出」、「聆聽」、「對不起」、「讚」（指要稱讚阿順）……

外化問句──「人不是問題，問題才是問題」

· 「大家認為我們真正的對手是誰？」

家長：「是阿鬼。」

反思

當在為「問題」命名時，筆者反思到當時也應讓家長們說多一點，透過小組動力一同探索共同的新發現，例如「我會讓你開心」，家長會反思或許阿順（青年人）平日生活充滿不開心，也沒有其他管道紓壓，因此，阿鬼便看中阿順（青年人）的需要，而說出這些話。

此外，反思在外化問句——探索「家」在說什麼時，經與秦安琪老師分享經驗後，她給了我很重要的提醒，這個問句是否會讓家長把問題「內化」，想想也是，這可能會讓家長認為子女成癮行為的原因只是來自他們自身，這會加強家人的無力感。因此，筆者或許可以問「阿鬼」是如何影響著「溫暖的家」與「阿順」的關係，這樣便可以把問題保持「外化」，目標是「阿鬼」，並非子女「阿順」。

筆者認為過去助人者會直接把青少年的需要告知家長，可是，他們往往很快會忘記，因為當助人者站在專家位置直接告知家長時，家長或許會不認同，或是出現抵抗，只有當事人自行體會後說出才會相信且深刻，透過運用小組動力把他們的共同需要集合起來，繼而產生共鳴，這也會加強家長對問題探索並發現彼此使用的策略和擁有的智慧，也說出一些知識、技巧及態度，例如：「鍾意食咩？」（喜歡吃什麼？），能讓家人重新回想子女喜歡吃什麼，並說出怎樣煮，當中有一位家長說小組完結後當天晚上便回家煮給兒子吃，其他組員聽到後也表

示值得嘗試。還有一幕讓筆者印象十分深刻，有一位家長說要和兒子說「對不起」時，她感動得流眼淚，也有家長跟著點頭、一同流淚，他們也說應該向子女說聲「對不起」，認為曾說過傷害子女的話，這也是家人認為需要作出改變的地方，同時，也是關係重建策略的第一步。此外，重新認定「人不是問題，問題才是問題」，因為這樣家長與子女的關係才會有重新連結的可能性。記得當時有一位小組內的家長與兒子關係有新的進展後，兒子願意前來中心與我們見面，之後，我們也成功地接觸這位青年人。青年人表示是因為感受到母親接受服務後的轉變，才使他願意來認識我們，現在這位青年人已停藥多年，並能把自己的優勢應用於職業生涯，成為一位優秀的日本料理廚師，這是我們一個很寶貴的經驗。

實踐經驗分享——青年人過渡親職身分

除了以上分享關於「外化」經驗外，當時還接觸到一些服務對象步入親職身份，筆者發現他們既要面對種種挑戰，又要面對「濫藥」、「偏差行為」、「年輕父母」、「未婚懷孕」的標籤，並且身處在一些宏觀系統的傳統文化影響之下，仍然選擇成為父母，便決定要把他們的故事整合起來，書中的理念及方向也是以敘事實踐及優勢視角為主，取代病態視角（pathological perspective）出發，與兩位一同跟進個案的社工共同參與，進行訪問及撰寫有物質成癮行為的青年人的故事，也邀請了秦安琪老師作故事集的序，《有了你，我更懂得什麼是愛》（澳門基督教新生命團契-S.Y.部落，2020）。

整本故事集一共講述九位青年人成為親職身分的經驗，他們曾經被貼上「濫藥」、「偏差行為」、「年輕父母」、「未婚懷孕」的標籤，然而除了這些，還有她／他在生命歷程中的信念、知識、態度、技巧及盼望，同時紀錄這些具有力量的智慧是如何面對當中的種種困難。書中更與故事主人翁S解構一些他們往往受困其中的觀念，如「維持家庭完整性」是否是唯一路徑？相信不單只是九位主人翁經驗過，社會上不少家庭也受著宏觀系統的傳統文化影響，若深信這是唯一路徑，同樣會經歷自我規訓帶來的無力感，這種無力感往往會令他們繼續與問題糾纏，甚至持續沉溺成癮，一位主人翁說「濫藥成為當時無法走出困境的我，是一種寄託」（澳門基督教新生命團契，2020，頁2）。因此，筆者認為確實要藉著其獨特結果（unique outcome）把故事豐厚（thickening）起來，我們將會從中發現獨特結果（unique outcome）才是屬於他們的自身力量，以面對生活中的種種問題，有些當事人幾年後告知我，當時憑藉信念，讓他們堅持成為父母；另外，從獨特結果（unique outcome）中亦能發現他們生命中的重要他者，也可成為其生命的共享見證會員（outsider witness），父母、外婆、子女等，都對當事人產生巨大的力量，他們為故事重新賦予意義，對筆者而言，這也是助人者旅程的美好回憶。

總結

　　筆者經驗到敘事實踐能讓助人者更敏感於服務對象自我規訓的無力狀態，從他們位置出發（start where they are），由他

們作為故事主人翁，自行訴說其正受困於哪裡，助人者可透過外化問句，與青年人一同探索問題對他的影響，並從受困的狀態中解放出來，尋回其面對問題的能動性。

正如卡爾・羅傑斯（Carl Rogers）在*Client-centered Therapy*一書中也提及，當事人自身是擁有解決問題所需的內在資源和能力的，助人者非直接地提供解決方法及建議，而是創造一個真誠、尊重、非批判和無條件接納的支持性環境，讓當事人進行探索和表達自己（Roger, 1965）。因此，助人者需要創造有利於個體內在資源的環境，青年人重新「被看見」，才有好好「充電」的可能。

故此，筆者認為認清誰才是故事主人翁是關鍵的，例如在面談中的主題是由誰來決定、誰可以決定探索的方向往哪裡走。同時，我們是否深信當事人是擁有其智慧去應對問題，助人者怎樣從單薄的、充滿問題的故事進而與青年人一同探索、豐厚具有力量的替代故事。

最後，筆者的經驗是要進行「外化」之前，也需要自行經歷，例如對現在的青年人常深信的普遍性價值觀，工作員或許需要對這些普遍性價值觀先進行「外化」，與其對話，並解構自己正受哪些「潛移默化」的價值觀所影響。這樣我們才有空間讓青年人看見更多的可能性，如社會建構「成功」指標的價值觀，倘若青年人再努力都未能達到該指標時，不難想像他們會慢慢產生憤慨、難過、自卑的情緒，而成癮行為只是他們表

徵行為，他們使用藥物／毒品也是期望能從中找到出口，披著各種標籤與汙名的他們，早已千瘡百孔。倘若，助人者也同樣陷於這些「成功」觀念，便很難幫助服務對象走出困局，因此，筆者認為助人者第一位對手就是自己，思考這些觀念從何而來、為誰帶來好處、是否還有其他價值指標是值得被青年人及社會看見的。

致謝

記得接觸敘事是我當社工的第七個年頭，報讀了香港浸會大學社會工作碩士課程，當時碩一的課程讀到新自由主義、後現代思潮、充權及優勢視角，也為碩二修讀一科「Narrative Approach to Counselling」奠定了基礎。課堂是由秦安琪老師和梁瑞敬老師授課，當時其中一份作業，是運用外化問題、解構及重構等概念，探索自己生命中的一段歷程。我便回到曾被定型或被標籤的身分，想起一些未能釋懷的人和事，敘事讓我意識到，當把問題放到社會脈絡中重看時，便會漸漸如釋重負。我的體驗是敘事哲學是一個探索之旅，回顧生命的旅程中滿途荊棘，尋回閃亮時刻所一直擁有的信念、價值和盼望，尋回不會被剝奪的身分，這也是運用敘事實踐到自己生命的獨特結果。

在這裡很想衷心感謝秦安琪老師的教導，以及給予機會在此分享實踐敘事的經驗並作自我反思，感謝香港浸會大學社會工作碩士課程中曾教導我的眾老師們，也感謝何鍾建教授給予

機會，讓我轉換職涯到澳門聖若瑟大學，學習怎樣透過教師身分繼續育人工作，把過往在前線與青年人及家長工作的實務智慧經驗繼續薪火相傳。

最後，也感謝以往願意允許我參與他們生命的青年人，從他們故事看到每一位都確實存有各自的信念、盼望、夢想、知識、技巧和態度，每一位也有其智慧所在，他們使我懂得很多實務上重要的東西，不論是次文化、沉溺行為真實面對的種種狀態、他們的需要等等，這都成為助人者理解其他仍處在邊緣的青年人的重要養份。

然而，面對社會日新月異的青年學生，要培養出未來的助人者，相信也是一條任重道遠之路，社會工作的老師也應有其獨特之處，「教書」是教導知識及技巧，「教人」則須是傳遞信念、價值及態度。

但願我們每一位青年人都能感受到他們是獨一無二且寶貴的，並抱有信心地成為自己的故事主人翁，勇於探索，在未知可能性下發揮所長，憑著其智慧成為社會未來的主人翁。

參考文獻

艾莉絲 摩根（2014）。**從故事到療癒：敘事治療入門**（陳阿月譯）。心靈工坊。

克萊格 史密斯，大衛 奈倫德（2008）。**兒童青少年敘事治療**（李淑珺譯）。同濟大學出版社。

佩特 德寧、珍妮 利特、艾迪娜 葛利曼著（2007）。**挑戰成癮觀點：減害治療模式**（謝菊英、蔡春美、管少彬譯）。張老師文化。

香港浸會大學青年研究實踐中心（2012）。**青年如斯**。香港聯合書刊。

秦安琪（2021）。第三章：問題這東西。秦安琪、曹爽、梁瑞敬、黃綺薇、葛思恆編著，**重新詮釋人生風景：用敘事治療改寫命運，為生活找到解方**。張老師文化。

尤卓慧、岑秀成、夏民光、秦安琪、葉劍青、黎玉蓮（2005）。**敘事治療——與你夥伴共行的旅程**。心理出版社。

高夫曼（2010）。**管理受損身分的筆記**（曾凡慈譯）。群學出版。

麥克・懷特，大衛・艾普斯頓（2001）。**故事・知識・權力：敘事治療的力量**（廖世德譯）心靈工坊。

趙維生（2003）。充權的概念探索：青年工作為例。趙雨龍、黃昌榮、趙維生編著，**充權：新社會工作視界**。五南圖書出版。

澳門基督教新生命團契-S.Y.部落（2020）。**有了你，我更懂得**

什麼是愛。澳門基督教新生命團契S.Y.部落。

Rogers, C. (1965). *Client- centered therapy*. Houghton Mifflin.

Alan, G. & Marlatt, M. E. (2012). *Harm reduction: Pragmatic strategies for manging high-risk behaviors*. The Guilford Press.

第八章　超越朋輩及年齡階層的影響力 ——青年人的生命會所

黃恩澤

　　在我們認識的青年人成長理論中，不乏朋輩、友儕、親人、長輩作為塑造青年人自我成長及身分認同的重要支柱。當然，我們更清楚塑造過程及結果也互為影響，支柱的堅固度及數量也與身分認同的豐厚度有緊密的關係。

　　可是，作為青年人助人工作者，前來約見我們的，往往都處在被問題充斥的狀況，一般也會被訴說成朋輩支援系統缺乏或呈現負面狀態，導致他們不斷陷入「問題處境」，重覆對自己及身邊人不利的行為。

　　麥克‧懷特（Michael White）轉喻了一個很好的比喻，假設每個人的生命中，均出現過一所屬於自己的生命會所（Association of Life），作為這會所的主人，有權決定誰能成為這會所的會員（White, 2007, p.136）。本章我們藉著探索青年人的生命故事，嘗試與他們一起為擁有生命會所會籍的人物（figures）披上「會員」的新衣，重新回到被遺忘的生命故事，重記會員對話地圖，發掘青年人的新身分認同，共同策劃

解困的路線圖。

「青年人」如何被塑造？

「青年人」是一個流動的身分，在不同時空、文化和社會經濟型態及國際關係局勢之下，「青年」可以是不存在，可以不同形態存在。早在80年代始的香港，就已有一股論述認為無任何依附的青年人（unattached youth）很多時都是朋黨，或沒有同伴的處境之下四處遊蕩（The Hong Kong Council of Social Service, 1983）。作為輔導員，很自然會著力減低他們的朋黨影響力，或鼓勵他們結識「具正面影響」的朋友，彷彿青年人在接觸輔導員之前的「前半生」其人際關係世界真的沒有值得輔導員留戀的餘地。

然而，在好奇心驅使下，敘事實踐者有機會與青年人的身分認同及人際關係形成加以探索，以及對隨之而成的朋輩論述，例如專業輔導業界常掛在嘴邊的「不良朋輩影響」或朋輩支援系統缺乏、社交技巧不足等，進行解構（deconstruct），然後一起將他們的身分認同加以拆解（unpacking identity）。

重記會員對話地圖與青年人的身分認同（identity）

現象學家保羅・利科（Paul Ricoeur）（1991, p.188）描述有關自我的知識是一個詮釋（interpretation），在此詮釋中，敘事是最重要的媒介。此媒介之取材於歷史，一如它取材於小

說，使有關生命的故事成為小說般的故事或歷史般的小說，可比擬偉大人物傳記之歷史和小說共冶一爐，他稱這自我的知識詮釋為敘事身分認同（narrative identity）。另一位學者道格拉斯・伊茲（Douglas Ezzy）（1998, p.245）亦指出，在保羅・利科的理念中，敘事身分認同指自我，道格拉斯・伊茲再引申（Ezzy, 1998, p.246）：「敘事身分認同是歸一但流動而可變的，是植根於歷史但如小說般可再詮釋的，由個人建構但建構於與他人的交往及對話中。」換句話說，青年人在詮釋他們的身分認同時，需取決於他們如何回憶起有關於自身及與他人交往的生命故事。因此，青年人的敘事身分認同可以是不停取材於他們的「不良朋輩影響」或朋輩支援系統缺乏、社交技巧不足等等的自我詮釋，也可以是一個或數個由自我的知識詮釋的新篇章，但這一切有賴於輔導員的雙重聆聽（doubly listening）去洞悉。

麥克・懷特（Michael White）參考人類學家芭芭拉・美雅荷芙（Barbara Myerhoff）（1982）的研究，她認為一般的自我形成發展均依賴單一聲音的身分認同（single-voiced sense of identity）。她的研究發現，人與人之間因彼此分享著生活價值和信念而連繫在一起的生活（membered lives），對多重聲音的身分認同（multi-voiced sense of identity）這一自我形成發展有著重大貢獻。麥克・懷特（Michael White）將之轉喻，假設每個人的生命中，均出現過一所屬於自己的生命會所（White, 2007），作為這會所的主人，有權去決定誰能成為這會所的會員。

重記會員對話透過青年人的生命會所，提供機會再次喚起他們在這會所裡的生命故事及身分認同。同時，青年人在生命會所裡就他們的重要人物（significant person）重新排列會籍，藉此重建他們的身分認同（White, 2007, p.136-137）。青年人的會所結構轉動了，生命裡的重要人物不同了，可重組（re-member）的人物選擇更多了。可想而知，麥克·懷特（Michael White, 1995）相信人的故事不會是單一性的（single-storied）；相反，每個人的生命故事都應該是多重的（multi-storied）。作為輔導員，我們其中的責任是與青年人一起發掘單一故事或徒然故事（problem-saturated stories）以外的故事。

與美儀展開重記會員對話

美儀，一位21歲，就讀大學的女生。家中獨女，自小經歷不少童年創傷，最近證實受焦慮症困擾，在人生的所謂種種「人際關係不好」的論述中掙扎，卻遺忘及深埋了對友情、親情和愛情珍而重之的故事。美儀約見我之前，因失眠、疲憊，以及充斥很多不安及精神緊張情緒，導致不能專注學業，有時更會躲在家裡不上學。不久前剛求助精神專科醫生，並被診斷患上焦慮症。在開過精神科藥物後，情況開始稍為改善。

以下是美儀面對焦慮情緒的相關對話：

美儀：除了失眠、睡眠差，還有起床後感覺很煩躁，身體感覺

很疲憊，精神狀況容易感到緊張等等。

黃：嗯，除了以上種種外，還有沒有其他狀況？

美儀：其他情況，例如情緒……

黃：嗯，可以就情緒多說一些給我聽嗎？

美儀：我整日都感到很驚（害怕），驚（害怕）很多人……

經過幾節外化對話後，美儀開始掌握「驚很多人」的出現情況、頻率及其對自己不同層面的影響。更重要的是，她找到了應付的策略，在之後的對話間不斷地嘗試以不同方式去駕馭「驚很多人」。幾節過後，美儀的情況有所緩和，她形容「驚很多人」的情況雖然出現時比較辛苦，但是維持的時間比較短了；另一方面，疲倦的情況也好轉了，她形容疲倦維持的時間比較「驚很多人」為長，但沒有之前那麼強烈，相對「驚」亦不那麼辛苦。然而，與很多向精神專科醫生求助的人一樣，美儀也面對初期服藥時，藥後反應不舒服及調整藥物時的那種不安、無助的感覺，除了信任主診醫生及有男友的扶持外，美儀在面對以上境況時的支援仍是不足夠的。與此同時，美儀認為自己在人際關係方面很多時候都處理得不好，例如與朋友和家人的關係，很影響她的情緒。黃邀請她就著各人際關係排出一個傾談次序，美儀決定先談友情，並約定下一節時一起探討。

在原定探討友情的一節裡，美儀訴說前幾天剛發生了被同學在演講廳裡公開說些冷嘲熱諷的話，並拉攏其他同學一起以嘆氣聲杯葛她的欺凌事件，幸好當場有同學為她護航，還在下課時陪伴她直到回家休息。黃對這情境很好奇，美儀一向述說

自己的人際關係很多時候都處理得不好，但這情境卻讓黃聽到一個例外——「當場有同學為她護航，亦在下課時陪伴妳到回家休息」，當中隱含著似無還有（absent but implicit）（White, 2000; 秦，2021，p.115-116）的空間，有待去發掘。事實上，除了父母之外，美儀沒有具體提及過誰跟她的關係不好，在談及人際關係的故事，我們嘗試在不經意之中遊歷，共同選取一個經驗去發掘似無還有，進入重記會員對話地圖的景觀（landscapes）。

重記會員對話地圖的介入點及路線圖（charting）

重記對話地圖本身設計是讓青年人與他們的重要人物重新透過對話再次遇上，當中會描繪他們之間的相識經過，以及以往的相處故事，我們可以大致分兩個不同的介入點作為對話的開始：

1. 當青年人在對話裡提到一位在他們生命中很重要的人物，而這個人物對他們的處事或行動意圖（intention）和生活信念及價值（value and belief）有很大的影響；

2. 相反，當青年人談及他們重視的處事或行動意圖和生活信念及價值時，輔導員可提問從何時開始發現，以及何人影響他們、如何影響他們重視的處事或行動意圖、生活信念及價值，然後邀請青年人介紹他們之間的相識經過及以往的相處故事（梁，2021，頁177）。

重記會員對話地圖的介入點及路線圖（charting）的提問設計（White, 2007, p.138-140；梁，2021，頁177-178）：

1. 重要人物對青年人生命的影響
　　提問包括：這位重要人物是誰？你們是何時認識的？能否分享你們相識的經過？他在你心目中是一個怎樣的人？可否分享一下你們以往相處時最深刻的經歷？他對你有什麼影響？

2. 重要人物眼中的青年人
　　提問包括：如果從他的眼中去看這個世界，或者理解事物，他會如何看待你現在所面對的處境？在他眼中的你是什麼樣的人？換個角度，他會認為你有什麼信念做到以上種種？

3. 青年人對重要人物生命的影響
　　提問包括：相反，你認為你對他又有何影響？

4. 青年人對建構重要人物身份的貢獻
　　提問包括：他可以從你們的相處中，看到自己是一個有著什麼樣信念及價值的人？

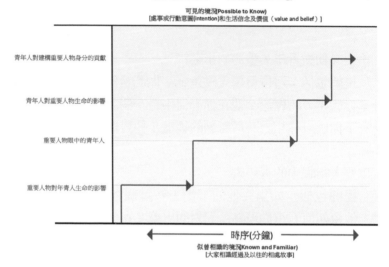

圖表：重記會員對話地圖之路線圖樣（charting）（White, 2005）

黃：美儀，我聽見妳說遇上這事件時當場感覺不好受，很不
　　開心。不過可否多說一點為什麼會「當場有同學為妳護
　　航，亦在下課時陪伴妳直到回家休息」？

美儀：是這樣的，這幾位同學，了解我的背景，目睹我被這樣
　　　對待，就過來陪伴我，放學後立刻陪伴我回家，到家後
　　　也再陪我多一會，我說我沒事，讓她們先回自己家。之
　　　後她們回到家還是會在WhatsApp上問候我……

黃：可不可以介紹一下她們是誰？妳們如何認識的？

美儀：她們是我的中學時代的同學，之後一起上了大學……

黃：她／他們一共多少人？叫什麼名字？是男還是女？

美儀：有幾個女孩子⋯⋯

黃：可否再說多點有關她們的事？以及，可否分享一下她們叫什麼名字？跟妳關係如何？

美儀：她們是三個女孩子，一位叫Jane，另外兩個位叫Catherine及Eva，她們都很關心照顧我。

黃：妳覺得她們怎樣關心照顧妳？

美儀：例如我被同學冷嘲熱諷，我除了不開心，也會生氣，生氣為何沒有人站出來幫自己、指責他們，或者叫他們住口⋯⋯不過慢慢我又知道這不容易，明白這個想法很難做到。而她們幾位其實對我好好⋯⋯

黃：嗯，多說一點，如何對妳好好？

美儀：當我不開心時，或者有負面情緒時，她們會安慰我，特別她們知道我患有情緒病，一起做group project時候，在我情緒狀態差時，會分擔我負責的部分。

黃：嗯，明白，那除了她們三個之外，還有沒有其他人會對妳這般？

美儀：只有她們三個。

黃：你上一節剛說過人際關係很多時候都覺得處理不好，而我們一起排了以友情作為首先探討的課題，是嗎？

美儀：是的。

黃：那現在想探討嗎？

美儀：好啊！

黃：Jane，Catherine及 Eva 三人，妳想先探討哪一位？

美儀：Jane吧！

黃：好的，為什麼是她？

美儀：因為我最早認識她。

黃：妳們是如何互相認識？

美儀：我們是中四時一起加入了學校的校報編輯組。

黃：嗯，說多點第一次見面時情況如何？

美儀：第一次見面是換屆迎新營，她自我介紹時散發著「很
勁」的感覺，講話很厲害，很有影響力，同時又很幽
默，能帶動氣氛。相反地，我個性則比較內斂，所以被
她吸引著。

黃：那妳又如何引起她的關注？

美儀：我們（校報編輯組）人數很少，之後開始著手辦校報，
發覺大家原來很相像。

黃：例如？

美儀：我們想法很相似，都很關心照顧別人想法以及難處，處
理事件的觀點也接近。

黃：嗯，最近有什麼例子？或者最明顯的有什麼事例可以見
證得到？

美儀：例如到中五、中六有同學想專心學業，或者感覺編輯工
作壓力很大，想退出校報編輯組，我跟Jane都很尊重同
學的想法、感受和難處，明白他們為何會退出，不會強
迫他們留下來。正是這樣，我們彼此關係亦密切了，除
了校報事情之外，我們都經常相處，彼此了解多了。

黃：了解多了，嗯，可以說深入些嗎？

美儀：例如當大家情緒低落時，會互相傾訴心事，明白對方多
一點，發覺對方也需要自己，自己亦會開心了，因為原

來自己也對他人來說很重要。

　黃：那經歷了多年，妳覺得Jane對妳有什麼影響？

美儀：有什麼影響呀？我以前很沉靜，比現在更靜，不會跟別人透露自己心事，但認識了Jane之後，正如我之前提及，我覺得她很有影響力，又會聽我訴說心事，會關心我，甚至我受情緒病影響時，也會多花時間精力關心、開解我，這讓我願意透露自己心事。

　黃：OK，覺得她很有影響力，聽妳訴說心事，關心妳，甚至妳受情緒病影響時，也會多花時間精力關心、開解你，這讓你願意透露自己心事……

美儀：嗯。

　黃：那如果從Jane的角度去理解妳的狀況，她會如何看待妳現在所面對的處境？

美儀：從Jane的角度去理解我？

　黃：是。

美儀：我想她會覺得我不必將內心躲藏，亦無需覺得孤單，會關心照顧及重視身邊的人。大家會願意分享彼此難處及分擔工作，例如我有情緒困擾時，她跟Catherine及Eva會幫忙分擔我負責project的部分。

　黃：好的，「不必將內心躲藏，亦無需覺得孤單，會關心照顧及重視身邊的人」。那換一個角度，她會認為妳有什麼信念可以做到以上種種？

美儀：什麼信念呀？她認為我擁有能體諒別人、尊重別人，亦會關心別人，懂得感恩的心。

　黃：又相反，妳認為妳對Jane又有何影響？

美儀：我想，她會認同自己對別人體諒，關心照顧別人，亦會發現原來真的有人需要自己的體諒，自己有一定的影響及感染力。

　黃：你認為Jane從妳眼中可以看到她自己有什麼信念去推動自己「對別人體諒，關心照顧別人」？

美儀：不用介意別人如何評價妳，有些人會對別人不管不顧，但只要仍然堅持自己，必定有人認同，亦會發掘幫助有這方面需要的人，互相有善良的影響。

　黃：在妳同Jane的關係及以上對話中，她影響妳「不必將內心躲藏，亦無須覺得孤單，會關心照顧及重視身邊的人。大家會願意分享彼此難處及分擔工作」，亦懷著「體諒別人、尊重別人，亦會關心別人，懂得感恩的心」；與此同時，妳亦讓Jane「認同自己對別人體諒，關心照顧別人，亦會發現原來真的有人需要自己的體諒，有一定的影響及感染力」，妳們亦一同懷著「體諒別人、尊重別人，亦會關心別人」的信念去做自己。那當妳知道以上的信念和做人特質時，妳會如何面對情緒病、驚或人際關係不太好等等困境？

美儀：我有她（們），我可以與她（們）分享，我們可以彼此分擔！

　　美儀的身分在以上對話之前，可以被塑造成「情緒病少女」，「不堪壓力的女大學生」、「被朋輩排擠的女大學生」、「被欺凌又無力的女生」、「社交圈弱的香港青年」、「以宅在家為逃避方法的青年」等等，不是被問題圍繞，就是

因那年齡身分帶著一份原罪。在對話之前，她為自己做過的事，便是去看精神專科醫生，但在面對藥後反應不舒服及調整藥物時的那種不安和蒼涼感，除了主診醫生及美儀男友之外是無人明白的。正如美儀所說，她之前總是面對「人際關係不好」的重大課題，與朋友和家人的關係很影響她的情緒。

在往後兩節，黃跟美儀重記（re-member）Catherine及Eva與她的相識和相互的影響，以及大家在做人信念、價值上的特質，如何支撐美儀去面對困境。再在隨後之節數，跟美儀探討了與原生家庭父母以及與男朋友和他家人的關係，充滿著很多以美儀自身發掘的力量，以及從與他人相處之中發掘及發展的自救力量，去面對困境的經驗。

重記會員對話地圖如何拆解全人化（totalizing person）

在我們的日常生活中，很容易把現象二分，例如日與夜、水與火、黑與白、冷和熱、高與矮、光與暗等等，方便我們把喜愛與不喜愛的歸納出來，我們更容易落入把人簡單歸納為喜愛與不喜愛的陷阱中。例如我們會稱失業的人為「無業游民」，不上學、不就業、不出門、不（跟我們）社交的就稱之為「隱青」，加入黑社會、群黨、濫用精神科藥物的青年人就被視為「古惑仔」、「問題青年人」，這些歸類通常都將人所不喜愛的身份歸納出來，使之全人化（totalizing person）（Foucault, 2000），麥克·懷特則放在人的困惑狀況考慮，認為這樣會促使問題全人化（White, 1997）。重記會員對話地圖

著重青年人或／及會談參與者（常見的是父母或師長）以外的
故事版圖擴張，不再只停留在輔導室裡出現或提及過的人與故
事，同時可擴張到生命會裡被青年人選取的人／物。當青年人
與輔導員的對話發生窒礙時，例如對話縈繞在徒然故事中
（problem-saturated story），或者自我矮化（self-
diminishing）及問題全人化，那些「認為自己在人際關係很多
時候都處理得不好」、「驚好多人」和「充斥很多不安及精神
緊張情緒」的境況都不難在美儀的對話裡發現。在美儀獨力去
面對整個故事時，發覺到這方面的努力暫未有幫助。可是，從
美儀選擇重記她生命會所的會員開始，她的個人主權
（personal agency）擴大了（梁，2021，頁176），在不同會員
的互動及信念和價值互相參照之下，美儀沒有再提及徒然故
事，對「認為自己在人際關係很多時候都處理得不好」有了新
的體會。

　　麥克·懷特提出的生命會所的轉喻，認為每個生命會所的
會員均由故事主角去決定會籍，這些會員每每都是故事主角生
命裡出現過的人物（figures），例如父母、兄弟姐妹、爺爺、
奶奶、外公、外婆、師長、同學、朋友、鄰居、前任及養過的
寵物等等。英語世界很特別，「figure」這個詞本義是簡單的
人物，但再翻譯，亦解作肖像、圖、形狀或公仔等等，因此這
些人物不一定是在世的，如已逝去的人，一些在書本或文化產
物出現過的角色，只要他們的處事或行動意圖和生活信念及價
值等等是主角所喜愛或接近的，都可以成為生命中重要的會員
（梁，2021，頁175）。

以下讓我們看看一位17歲青年人抵禦濫藥及違法行為的故事。亞威，曾吸食不同精神科藥物如冰、咳水、氯胺酮（ketamine）等等，亦在初中時結識了一班朋友，成為一般人所稱的「群黨」。在過去三年，亞威與一班「群黨朋友」因升不上高中或選擇輟學，而開始沒有任何生活寄託，街頭打架頻頻發生，精神科藥物吸食也多了。他們接二連三地被捕及上法庭，部分人更被判入更生中心。亞威有感朋友一個一個地離開，有些被判入更生中心，有些已在家濫用藥物導致沒有心力出門與他們聯繫，有些亦害怕朋友之間互相揭示大家的違法行為而遠離這個一般人所稱的「群黨」。

亞威，個人反思性較強，亦對人際關係比較重感情，因此他決心跟我一起進入戒藥輔導的歷程，好讓自己擁有一個不一樣的人生。戒藥輔導進入九個月左右，亞威各種精神科藥物食用已戒了一段時間，身體素質及精神面貌均顯得跟之前有所不同，亞威會形容為「精神醒目了」。

以下是我們探討「精神醒目了」有何許意義，如何重塑亞威的身分認同：

黃：現在你形容「精神醒目了」，對你來說有何信念及價值充斥其中？

亞威：正如我們之前說過，有著我對戒藥的堅持、執著，亦有我對健康身體的渴望，因身體髮膚受之於父母，我不想父母需要我照顧的時候，我變得跟他們（一般人所稱的

「群黨朋友」）一樣，連自己也很虛弱。

黃：嗯，當細數你那份堅持、執著、對身體健康的渴望及身體髮膚受之於父母等等的信念及價值時，你會對未來幾個月或一年，有什麼盼望？

亞威：我會想感染他們（一般人所稱的「群黨朋友」），希望他們像我現在一樣……

黃：可否多說一點？

亞威：畢竟我們一起成長，雖然大家都學壞了，但也有情誼，現在大家都長大了，見證一個又一個面對官司、入獄或者因濫用精神科藥物而變得不想見人等等，我的心裡是悲痛的。

黃：你有一份想感染他們的盼望，是如何育成的？

亞威：我記得很多年前看一部《蜘蛛俠》的電影，當中最後一幕男主角蜘蛛俠的叔父被壞人傷害致死，叔父在死前抱蜘蛛俠入自己懷中，並向蜘蛛俠說：「能力越大，責任越大！」我至今仍記得，我知道我在那班朋友之中是比較聰穎及有能力的。因此，這個故事、這個角色，以及這句對白影響我很深遠。與此同時，我從小到大都很喜歡美國漫威（Marvel）及DC系列的英雄漫畫，而蜘蛛俠是我最喜歡的一個角色，因為他年齡比較小，與我比較接近呢！

黃：除了「能力越大，責任越大」之外，蜘蛛俠對你有什麼貢獻？

亞威：他帶給我一種「自己要照顧好自己，遇挫折時不要氣餒」的信念。縱使蜘蛛俠是一個英雄，但從來沒有以英

雄自居。當世界需要他時，他必然挺身而出，發揮自己
影響力去幫助別人。

黃：那在蜘蛛俠的眼中或世界裡，他會如何看待你現在所面
對的處境？

亞威：我想他會認為我現在情況較其他朋友為理想，至少我戒
藥一段時間了……

黃：還有呢？

亞威：應該透過我這個狀況，去說服他們來找你接受戒藥輔
導，朋友們看見我能「精神醒目了」，也會被感動到，
因為我們有深厚感情，以及我會沿途鼓勵支持他們。

黃：那有什麼信念及價值推動你這樣做？

亞威：正如我提及，我們有深厚感情，我很注重人與人的關
係，很想大家珍惜關係，以及互相扶持。

黃：那你又覺得你的經歷、想法、信念及價值，對蜘蛛俠的
角色有何貢獻呢？

亞威：或許這樣想，對於作者來說，我和我的朋友便是因蜘蛛
俠而獲拯救的小人物，他見到我們深受其影響，應該會
很感動，會因為這樣而支持他繼續挺身而出。

黃：那你認為從你眼中蜘蛛俠可以看到他自己有什麼信念去
推動自己繼續「挺身而出」？

亞威：每個人不應吝嗇自己的能力，不論大能力、小能力……

黃：嗯，自己要照顧好自己，遇挫折時不要氣餒。縱使蜘蛛
俠是一個英雄，但從來沒有以英雄自居。當世界需要他
時，他必然會挺身而出，發揮自己影響力去幫人……當
你回想以上信念，懷著「能力越大，責任越大」的價值

時，你會如何達成感染他們一起嘗試戒藥這份盼望？

亞威：我想我真的不能坐以待斃……（之後黃跟亞威一起計劃如何說服及邀請他的一班「群黨朋友」來戒藥）

在經歷過三個多月，亞威保持著理想的戒藥狀況，他亦帶來他的朋友光仔來接受戒藥輔導。縱然各位朋友的戒藥起步點不同，但看見光仔能因著亞威而鼓起勇氣來戒藥，實在是難能可貴呢！

重記會員對話著重人與人、人和各種角色之間所呈現的故事。亞威的故事本身很豐富多元，同時，在他成長的階段，充斥著許多文化／流行文化產物，除非他活在一個與世隔絕的深山裡，否則必然接受過不少電視、電影、歌曲及動漫等等的洗禮。在此不去討論文化／流行文化產物的「好與壞」，其「品味」的「高與低」，因這論述都歸因於其文化產物愛好者的社會地位及權力關係而已（Bourdieu, 1984）。其文化產物背後所帶出的行動意圖和生活信念及價值，才是我所關注的。

亞威在對話之前，所展現及述說的故事，都是圍繞朋友、群黨、精神科藥物濫用、犯法或被判入更生中心的經歷等等。當然，大家可能會問，為什麼不從家人／家庭的話題「缺口」提問呢？相反，我在與亞威的對話歷程裡，一直秉承持好奇心並尊重其話語權，與他一起細數他那份堅持、執著，對身體健康的渴望及身體髮膚受之於父母等等的信念及價值時，發現他對未來幾個月或一年的盼望是「想感染他們，想他們像我現在

一樣」。然而這份盼望原來來自《蜘蛛俠》的角色及故事對他的成長影響，在不同角色之間帶出許多隱喻（metaphor），例如「能力越大，責任越大」，反映出許多做人的信念價值。縱然《蜘蛛俠》的角色及故事是虛構的，從阿圖塞（Althusser, 1984）的觀點來看，《蜘蛛俠》虛構了一個正義與邪惡對決的世界，而這對決的世界所虛構的則是人與世界的關係，這種關係投射在現實生活中，則讓人相信這是一個公平和正義的世界，同時個人擁有能力來維護它的秩序。

事實上，亞威故事的「缺口」，不用以我個人主觀的好奇去探索，反觀亞威的盼望背後所追溯到的文化產物的角色及故事，更引人入勝，亦是亞威的生命會籍中未被發掘的一員。蜘蛛俠一經進入會所，亞威的故事版圖隨即擴大了，這正是重記會員對話所帶來的空間感。

總結：以生命會所去重掌「青春的話語權」

青年人在生命故事裡，許多時候都著眼於生命出現過的重要人物（significant person），而這重要他人會被青年人當時的記憶，社會對重要他人的不同定義，青年人如何檢視朋輩、文化及宗教等等影響著。在我的工作的輔導室裡，除了我與青年人，或者很多時候也與他們的家人／朋輩在一起之外，可以有的話題或輔導素材都會限於他們身處的狀況，故事的力量許多時候都不足夠。

生命會所裡面所被計入的人物，縱然許多時候會被遺忘，可是一旦連結起來，青年人的生命故事可再豐厚，不再是單薄的，被去權（disempowered）、無力的故事。每個青年人生命會所的成員都不一樣，有些是文化產品的虛構人物，有些是年長的人物，有些是年紀差不多的人物，但他們有一樣是共通的──就是懷著共同的處事或行動意圖和生活信念及價值陪伴著青年人成長，藉對話與他們一起重掌青春的話語權。

鳴謝美儀及亞威的故事分享及對故事內容的校對及指正。

參考文獻

秦安琪（2021）。原來有你──發掘似無還有。秦安琪等，**重新詮釋人生風景：用敘事治療改寫命運，為生活找到解方**（頁115-116）。張老師文化。

梁瑞敬（2021）。生命的連結──重組會員對話。秦安琪等，**重新詮釋人生風景:用敘事治療改寫命運，為生活找到解方**（頁175-178）。張老師文化。

Althusser, L. (1984). *Essays on Ideology* (pp.1-60). Verso.

Bourdieu, P. (1984). *Distinction*. Routledge.

Ezzy, D. (1998). Theorizing narrative identity: Symbolic interactionism and hermeneutics. *The Sociological Quarterly, 39*(2), 239-252.

Foucault, M. (2000). The political technology of individuals. In James D. Faubion (Ed.) *Power. Essential Works of Foucault: 1954-1984* (pp. 403-417). New Press.

Hong Kong Council of Social Service (1983). *The Operational Manual for Outreaching Worker*. The Hong Kong Council of Social Service. Available at https://www.cityu.edu.hk/upress/pub/media//catalog/product/files/9789629371746_preview.pdf

Myerhoff, B. (1982). Life history among the elderly: Performance, visibility and remembering. In J. Ruby (1982). *A Crack in The Mirror: Reflexive Perspectives in Anthropology* (pp.99-120). University of Pennsylvania Press.

Ricoeur, P. (1991). Narrative identity. In D. Wood *(Ed.), On Paul*

Ricoeur (pp.188-199). Routledge.

White, M. (1995). *Re-authoring lives: Interviews and essays.* Dulwich Centre Publications.

White, M. (2000). *Reflections on Narrative Practice.* Dulwich Centre Publications.

White, M. (2005, September 21). *Michael White's Workshop Notes.* Dulwich Centre. Available at https://www.dulwichcentre.com. au/michael-white-workshop-notes.pdf

White, M. (2007). *Maps of Narrative Practice (pp.136-140).* W.W. Norton.

結語

青年人會希望哪些人、怎樣的人進入他們的生命會所？

☺ 敘事治療

在敘事中療癒：
跳脫框架重構精神健康

作者：秦安琪、曹爽、梁樂衡、梁曉邦、
　　　麥麗娥、黃穎琴、葛思恆、謝杰雄

療癒的力量，
是藏在敘事對話中的麟光片羽
完整收錄兒童、成人、
年長者的敘事檔案

重新詮釋人生風景：
用敘事治療改寫命運，為生活找到解方

作者：秦安琪、曹爽、梁瑞敬、黃綺薇、葛思恆

重塑人生關鍵劇情 改變命運
生命中的各種問題皆扮演不同角色。

深入至角色背景，梳理角色間的互動，
便能對不同角色多一分體諒與包容。

翻過來看世界

作者：黃士鈞（哈克）

人生可以有更多的安靜，更多的透明
怎麼想，更自由？
怎麼想，情感更流動？

一起，遇見美好的自己：
敘事治療親子實踐篇

作者：黃錦敦

在親子對話和故事之間，
在享受和掙扎之間，
活出人的滋味。

在敘事中療癒

重新詮釋人生風景

翻過來看世界

遇見美好的自己

經典永流傳

西藏生死書

作者：索甲仁波切(Sogyal Rinpoche)
譯者：鄭振煌

這是一本字字珠璣的心靈鉅著，
引導我們認識生死，
直驅西藏佛教的智慧泉源。

重新凝視失落：
哀傷治療技術的衡鑑與介入

編者：羅伯特‧奈米爾
譯者：翁士恆

幫助個案從哀傷中成長，
並進一步投身於哀傷諮商
與治療實務的全球社群之中。

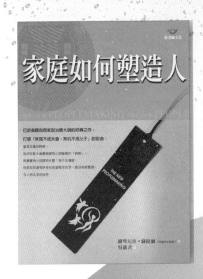

雲平台功能特色介紹

寫書人

作者簡經歷介紹、著作與最新動向，留言與作者 Q&A 互動。

出書人

開放書籍、月刊投稿；線上投稿，刊登文章，成為雲版主。

雲讀書會

由經驗豐富的領讀人，帶領線上導讀，小組討論、分享，彼此互動、交流，不需出遠門，就可以尋找同好，發展自己的閱讀社交圈。

雲商店

提供完整、便利的購物功能，快速的找書、選書、購書、報名課程，多元的付款及運送選擇，消費即享點數回饋。

張老師文化 APP

IOS、Android 雙系統平台使用，
介面精簡、內容同步網頁，
使用上更簡便直接！歡迎下載

讓愛書的同好能
發展成新社交群圈

「閱讀」讓人的心與雙手跟其他人發生的連結與情感，仍是如此溫暖與特別。我們會繼續走下去，誠摯地邀請您繼續與我們同行！一起來拉近我們與書的距離～

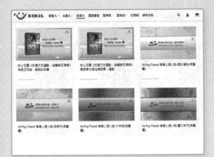

說書人

線上影音，知心花園、安心學堂……等特色主題，名家作者親自說書、親子共讀、憂鬱、自助人等豐富內容。

雲學苑

實體與線上課程。線上報名、實體或線上參與，各大精選主題課程，滿足愛閱人的求知欲。

張老師文化雲平台

張老師文化 APP

國家圖書館出版品預行編目 (CIP) 資料

我不是Loser！青年人的敘事心療／Iris，柯麗珊，秦安琪，黃恩澤，翟曉輝，鍾威文，鍾詩韻，蘇亦斌作. -- 初版. -- 新北市：張老師文化事業股份有限公司, 2024.11
　面；　公分. --（教育輔導系列；N162）

ISBN 978-626-96870-9-1（平裝）

1. CST：青年　2. CST：心理諮商　3. CST：心理治療

173.2　　　　　　　　　　　　　　　113017023

教育輔導系列 N162

我不是 LOSER ！青年人的敘事心療

作　　者／Iris、柯麗珊、秦安琪、黃恩澤、翟曉輝、鍾威文、鍾詩韻、蘇亦斌
總 編 輯／萬儀
特約編輯／楊琬琦
封面設計／李東記
行銷企劃／呂昕慈

發 行 人／葛永光
總 經 理／涂喜敏
出 版 者／張老師文化事業股份有限公司Living Psychology Publishers Co.
　　　　　231 新北市新店區中正路538巷5號2樓
　　　　　電話：（02）2369-7959　傳真：（02）2369-7110
　　　　　讀者服務E-mail：sales@lppc.com.tw
　　　　　網址：https://www.lppc.com.tw/（張老師文化雲平台）

I S B N／978-626-96870-9-1
定　　價／400元
初版 1 刷／2024年11月

法律顧問／林廷隆律師
排　　版／菩薩蠻電腦科技有限公司
印　　製／大亞彩色印刷製版股份有限公司

張老師文化雲平台

App下載（通用）